추천사 (이름 가나다순)

토요타생산방식(TPS)이라고 하면 흔히 JIT(Just in time)로만 생각하고, 재고를 없애기 위한 방법으로 간판운영 기법만 배워 적용하려다 실패하는 우를 범하는 경향이 많다. 1991년 '린(Lean)'이란 이름으로 세상에 처음 알려지기 시작한 토요타생산방식을 기법의 전달이 아닌 일이라는 관점에서 바라보는 책이야 말로, 현재 기업들이 당면하고 있는 '경쟁력 확보와 지속 가능한 경영'이라는 과제를 고민하는 분들에게 다시 한 번 생각해보는 계기를 제공할 것이다.

김순기, ㈜센트랄 상무

오랜만에 TPS와 관련된 '토요티즘'을 접하게 되어 아주 기쁜 마음으로 수없이 정독하면서 TPS에 대한 기억을 되살리는 기회가 되었다. 모노즈쿠리(ものづくり)에 대한 토요타의 철학과 TPS에 대한 내용이 아주 쉽게 기술되어 있으며, 일에 대한 정의와 패러다임 변환에 대한 내용은 누구라도 쉽게 이해할 수 있도록 잘 기술되어 있다는 생각이 든다. 끊임없는 개선을 통해 항상 미래 지향적인 변화를 추구하는 것이야 말로 TPS의 기본 철학이듯이, 현재는 그렇게도 합리적이고 모든 사람이 열광하는 방법이 언젠가는 무의미해지고 비합리적이며, 재앙의 씨앗이 될까봐 나는 항상 두렵지만 끊임없는 개선만이 이를 극복할 수 있다는 믿음을 갖고 있다.
모든 것을 TPS 사고로 접근하면서……

김종명, ㈜오스템 전무

제조기업이 환경 변화에 적응하면서 위기를 헤쳐가기 위해 여러가지 생산방식을 고민하며 시도하고 있으나 제대로 성공한 사례는 극히 드문 것이 현실이다. 이러한 사례는 하드웨어만 벤치마킹하고 소프트웨어는 간과한 결과가 아닐까라는 소견을 가지고 있던 차에, 《토요티즘》이 소프트웨어를 중심으로 저술한 책이라고 생각되어 매우 귀중한 자료라고 생각된다.
"기본에 충실하자(Back to the Basic)"는 사상을 통해, 고객에게 제공하는 가치에 대해 타협하지 않는 제조방법, 이것이 토요티즘이며, 강한 현장 만들기의 토대가 되어 급변하는 디지털 환경상 위기의 시대에 더욱 빛나는 세계 최강의 경영술이라는 주장에 전적으로 공감하는 바이다.

김종식, 히타치엘지데이터스토리지㈜ 중국 혜주제조법인 부장

이 책에는 필자가 TPS 컨설팅 업계에서 20년 종사한 경험과 자부심이 오롯이 녹아 있다. 현재의 관점에서 TPS를 재조명하고 기업이 나아가야 할 방향을 제대로 제시한 몇 안 되는 귀중한 책이라는 것을 확신한다.

박만천, 고려제강 상무, KPS 추진 부문장

요즘 경제계의 최대 화두는 지속가능경영(Corporate Sustainability Management)이다. 지난 100년간 포디즘은 단순화, 표준화, 분업화라는 구호와 컨베이어 벨트라는 상징을 들고 대량생산, 대량소비 시대를 이끌어왔지만, '파괴소비'와 '공짜경제'로 대표되는 21세기에는 팔리는 것을 만들어야만 하는 시대로 바뀌었다. 그래서 그는 다윈의 자연 선택에 빗대어 전세계적인 치열한 생존경쟁 속에서 조직이 살아남기 위한 '시장 선택'의 문제라고 비유한다. 즉, 지금 단순히 살아남은 것들을 이해하는 것이 아니라 적극적으로 어떠한 생각과 행동을 통해 살아남을 것인가가 중요하다는 '인위 선택'을 강조한다. 그래서 신간 《토요티즘》을 통해 패러다임 변화를 이해하기 위해 일을 보는 시각을 바꾸고, 일을 하는 방식을 바꾸고, 일 자체를 바꾸는 방법을 제시하고 있다. 그래서 이 책은 치열한 글로벌 경쟁에서 살아남기 위한 조직에게 인사이트와 해결책을 충분히 제공해줄 것이라 생각된다.

박찬정, GS건설 상무

임 선생님, 혁신 전도사로서 벌써 20여 년, 우선 축하드립니다. TPS를 통해 선생과 인연을 맺은 지 10여 년이 되었습니다. 20년이란 짧지 않은 세월에도 스스로 돌아봄을 통해 다시 한 번 자기를 평가하고 단련하여 새로운 20년을 준비하시는 모습에 경외감마저 듭니다. 《토요티즘》 출간을 축하드리며 끊임없는 전진을 기원합니다.

서원조, 하나마이크론㈜ 상무

益者三友(익자삼우), '사귀어 자기에게 유익한 세 부류의 벗'이라는 뜻이다. 정직한 사람, 도리를 지키는 사람, 지식이 있는 사람을 이르는 말이다. 저자를 가장 적절하게 표현할 수 있는 사자성어이다. 생존이 절실한 우리에게 저자는 '토요티즘(Toyotism)'이라는 지혜를 전해주고 있다. 그 값어치가 매우 크다.

송거영, 한국후지제록스㈜ 경영지도사/기술사/컨설팅학박사

이 책은 저자가 20년의 컨설턴트 활동을 통해 국내외 기업에서 느끼고 경험한 내용을 총정리한 역작으로, 평소 저자의 열정적인 모습을 떠올리게 한다. 여기에 특유의 시대적 통찰력과 해박한 지식으로 토요타라는 대명사를 통해 2016년 거친 바다 위에 떠 있는 우리 기업들이 무엇을 해야 하는지 그 방향성을 적확하게 제시하고 있다. 아울러 이 책은 현재를 살아가는 모든 직장인들이 갖추어야 할 소양을 위한 지식서로도 손색이 없다.

신광호, 히로세코리아㈜ 전무

저자는 20여 년 생산 혁신의 현장에서 혁신의 아이콘인 '토요티즘(Toyotism)'을 경험하면서 수많은 질문을 던졌다. "과연, 일이란 무엇인가?" 일을 하는 방식과 방법의 차이에서 오는 다름의 미학, 토요타 외 글로벌 기업과의 흥미진진한 비교를 통한 획기적이고 파격적인 혁신의 화두를 던진다. 오늘날 수많은 기업의 경쟁력과 생존력을 위해 그는 오늘도 혁신의 불꽃을 피워나가고 있다.

이경환, 산업경영공학박사, 삼성전자
(책의 끝부분에 이어집니다)

토요티즘

변화된 시대를 지배할 일과 경영의 새로운 패러다임

토요티즘

초판 1쇄 발행일 2016년 1월 20일
초판 3쇄 발행일 2018년 11월 15일

지은이 임해성
펴낸이 박희연
대표 박창흠

펴낸곳 트로이목마
출판신고 2015년 6월 29일 제315-2015-000044호
주소 서울시 강서구 양천로 344, B동 449호(마곡동, 대방디엠시티 1차)
전화번호 070-8724-0701
팩스번호 02-6005-9488
이메일 trojanhorsebook@gmail.com
페이스북 https://www.facebook.com/trojanhorsebook
네이버포스트 http://post.naver.com/spacy24

(c)임해성, 저자와 맺은 특약에 따라 검인을 생략합니다.
ISBN 979-11-955829-5-2 (13320)

이 책은 저작권법에 따라 보호받는 저작물이므로 무단전재와 복제를 금지하며, 이 책 내용의 전부 또는 일부를 이용하려면 반드시 저작권자와 트로이목마의 서면동의를 받아야 합니다. 이 도서의 국립중앙도서관 출판시도서목록(CIP)은 e-CIP 홈페이지(http://nl.go.kr/ecip)와 국가자료공동목록시스템(http://nl.go.kr/kolisnet)에서 이용하실 수 있습니다.(CIP제어번호: CIP2015035970)

* 책값은 뒤표지에 있습니다.
* 잘못된 책은 구입하신 곳에서 바꾸어 드립니다.

변화된 시대를 지배할 일과 경영의 새로운 패러다임

토요티즘

| 임해성 지음 |

트로이목마

• Prologue •

토요티즘, '바라봄'을 통해 얻은 '바로 봄'의 지혜

컨설팅 업계에서 20년.

지난 1996년부터 이 업계에서 일해왔으니 2015년까지 꼬박 20년이 지났고, 2016년부터는 새로운 20년을 향해 나아가게 된다.

20년이라는 시간을 컨설턴트로 살아오면서, 과연 경영 컨설팅 업계에서 일하는 사람들의 사명은 무엇일까를 생각해보았다.

우선, 나는 다양한 문제해결을 위한 방법론을 전파하는 컨설턴트 본연의 역할에 최선을 다했다. 특히 20년 동안 일관되게 해외 우수기업에 대한 벤치마킹 업무를 담당하면서, 대한민국 경영사에 있어 '문익점'과 같은 역할을 하려 노력했다.

한국능률협회와 한국능률협회컨설팅을 지나 지금의 글로벌비지니스컨설팅(GBC)에 이르는 20년 동안, 원가혁신 분야의 VE(Value

Engineering), 생산혁신 분야의 IE(Industrial Engineering), TPM(Total Productive Maintenance), TPS(Toyota Production System), 경영혁신 분야의 식스시그마(Six Sigma), 그리고 국제표준화기구 ISO 시리즈와 같은 선진화된 방법론과 해외 우수기업의 경영혁신 사례를 한국의 기업들에게 소개하고 전파하는 일을 해왔다. 경영 컨설턴트라는 이름으로 지식산업에 종사해온 나의 역할은 무엇이었을까?

그것은 한마디로 '특수의 일반화'라 할 수 있을 것 같다. 산업계에 변화를 이끌어온 방법론들은 이론의 형태로만 우리에게 수입된 것이 아니었다. 반드시 라고 해도 좋을 만큼 미국이나 유럽, 일본 등의 '선진기업 혁신 사례'라는 형태로 필터링된 성공 경험이 이론과 함께 소개되어, 한국 기업들이 치러야 하는 학습비용을 최소화해주었다. 나를 비롯한 수많은 경영 컨설턴트들은 이렇게 들여온 선진 방법론들을 특정 기업이나 조직에만 적용 가능한 '특수'하고 '예외'적인 것이 아니라, 모든 기업과 조직이 누릴 수 있도록 쉽게 풀어내는 '일반화' 내지 '보편화'하는 작업을 해온 것이다.

또 컨설턴트라는 직업은 교사나 교수와 달리 반드시 현장에서 성과를 내야 한다. 이런 직업적 특성과 환경 때문에 컨설팅 업계에서 일하는 많은 동료들은 선진 이론을 전파함과 동시에, 한편으로는 현장에서 기업에 적용해보는 시행착오를 통해 이론을 검증하고 실천해야 한다. 그렇게 함으로써 '특수'를 '일반화'하는 프로세스를 밟아가는 '전도사'이면서 '실천가'의 역할을 함께 수행하는 것이 컨설턴트로서의 사명이 아닐까?

Insight in sight.

내가 속한 글로벌비지니스컨설팅에서는 벤치마킹의 본질을 위의 한 문장으로 표현한다. '바라봄(Sight)'을 통해서 '바로 (Insight) 봄'을 얻는다는 것이다.

독자들이 지속가능한 경영의 본질에 대한 '바라봄과 바로 봄'을 이 책을 통해서 조금이나마 얻을 수 있다면, 새로운 20년의 출발점에서 지난 20년을 보람으로 기억할 수 있겠다.

2010년 2월 24일.

토요타자동차의 아키오(豊田章男) 사장이, 미국 내에서 발생한 대규모 리콜 사태를 수습하기 위해 미국 청문회에 서서 증언한 날이다. 토요타자동차는 그 치욕적인 날을 '재출발의 날'로 정하고, 기본으로 돌아가 철저히 재도약하기 위해 혼신의 노력을 기울였다. 그날을 기념일로 정한 이유는 과거를 반성하자라기보다는, 미래를 향해 새로운 일보를 내딛는 계기로 삼자는 '재출발'의 의미였다. 더불어 세월이 지남에 따라 그 의미가 풍화되지 않도록 하기 위함이었다.

이후 5년이 지난 2015년 2월 24일, 토요타자동차는 마침내 수소 연료 자동차인 '미라이(未來)'의 양산을 개시했다. 5년 전 아키오 사장의 미국 청문회 증언이라는 오욕을 씻고, 다시 고객과 더불어 견실하게 성장해나갈 '미래'를 선언한 것이다. 그들은 다시 토요타가 추구하는 경영의 원점에 섰음을 보여주었다. 재출발의 날인 2월 24일에.

2016년은 토요타자동차 주식회사가 설립된 지 80년이 되는 해이다. 1937년에 창업했으니 정확하게 80년을 맞이하게 된다.

1937년 단 한 개의 공장에서 연간 4,013대의 자동차를 생산하던 토요타자동차는, 2014년 결산 결과, 자동차 생산량 세계 1위(1,113만 대), 영업이익 세계 1위(2조 7,505억 엔), 시가총액 세계 1위(자동차부문, 22조 엔)로 3관왕을 달성하며 명실상부 세계 최고의 자동차 회사임을 증명했다.

돌이켜보건대, 2003년 삼성전자의 토요타 벤치마킹을 시작으로 한국에서는 토요타 배우기 광풍이라고 불러도 좋을 만큼 많은 기업들이 토요타를 벤치마킹하기 위해 일본으로, 일본으로 몰려갔다. 그 시기에 나는 한국에 없었다. 한국 기업에 종사하는 임직원들에게 토요타방식(Toyota Way)을 전달하는 역할을 하기 위해 거의 일본에서 살다시피 한 것이다. 그런 세월이 수년간 계속되었다. 그리고 하나의 전환점이 발생했다. 바로 토요타자동차 리콜 사태였다. 당시의 토요타 리콜 사태는 우리가 성장이라고 부르는 '팽창'의 결과를 잘 보여주는 것이었다. 최근 발생한 폭스바겐의 디젤 차량 연비 사태도 그러한 '팽창' 지향의 끝이 어디인가를 잘 보여준다고 생각한다.

왜 사람들은 판매량이 늘어나고, 이익이 증가하는 상황을 늘 '성장'이라고 표현하다가, 급격하게 하락하는 상황에 도달하면 항상 '버블(거품)'이 터졌다고 하는 것일까? 나는 늘 이것이 궁금했다. 그것이야말로 많은 이들이 열광하던 성장이, 사실은 성장이 아니라 팽창이었음을 여실히 드러내는 것이 아닐까? 그럼에도 여전히 우리는 지금도 '성장'과 '팽창'의 차이를 애써 무시하고자 하는 집단무의식에 젖어 있는 것이 아닌가 하는 생각이 든다.

성장이 어떤 임계점을 넘어서면서 팽창으로 전환되는 것이라면, 그래서 그 끝이 항상 버블이 터지는 팽창의 폭발로 마무리 되는 것이라면, 앞서 보았던 최근 토요타자동차의 실적과 그 놀라운 반등은 메시지를 줄 만하다. 그것은 차라리 하나의 교훈이라 할 수 있다. '성장이 아니라 팽창을 시도했던 과거 몇 년간의 토요타가 보여준 실패와 그런 시도가 잘못되었다는 통렬한 반성 위에서 새롭게 추구한 성장이 보여주는 견실한 성공이, 언제, 어떤 행동을 했을 때에 가능한가'를 시사한다는 것이다.

이것이 바로 이 책을 지금 시점에 출간해야 한다는 나의 필연성이다. 이 책은 2009년 토요타자동차 리콜 사태 이후로 급격하게 관심이 식어간 토요타방식에 대한 뒤늦은 변명과 다시 찾은 영광에 대한 팡파르를 울려주기 위함이 아니다. 나는 그들의 반성과 성취에서, 우리가 그렇게 쉽게 따라하고 버릴 수 있는 '방식(way)'으로서의 토요타가 아닌, 그보다 더 깊은 정신, 즉 '패러다임으로서의 토요티즘(Toyotism)'과 토요티즘에 입각한 일하는 방식에 대한 본질적인 이해가 부족했음을 뼈저리게 느꼈다. 물론, 20세기 산업의 패러다임을 제공한 포드자동차와 포디즘(Fordism)이 그 궤를 달리한지 오래이듯, 21세기 산업의 패러다임을 제공한 토요타자동차와 토요티즘도 언젠가는 그 궤를 달리할 것이다.

나는 현장에서 일하면서, 항상 토요타자동차와 토요티즘을 분리해서 봐야함을 강조해왔다. 즉 우리가 봐야할 것은 토요타자동차의 놀라운 실적이나 재도약의 성공이라는 드러난 성과가 아니다. 오히려, 우리의 시대적 과제가 무엇이며, 그것을 어떻게 해결할 것인가라는 측면에 기여할 '시대적 과제에 대한 정의와 그 과제를 해결하는 방식으로서의 토요티즘'인 것이다.

사람으로서의 도리와 독자에 대한 배려 사이에서 고민하다가, 그래도 감사를 표현해야 할 분들에 대한 인사를 말미에 덧붙이기로 했다.

1996년부터 지금까지 전세계 440개사 이상을 벤치마킹할 수 있었고, 1,300명이 넘는 글로벌 인재들과 교류할 수 있다. 새삼 감사를 느낀다.

우선, 2007년 글로벌비지니스컨설팅의 출범과 더불어 뜻을 같이하여, GBC 고문단을 만들고 이끌어준 가와이 선생과 마츠우리 선생을 비롯한 고문들에게 감사한다. 덴소기술연수소 전(前) 소장인 고쿠보 선생과 토요타의 노사관계 전문가인 간코지 선생, 후지츠 출신의 다카기 선생에게도 감사드린다.

현직에 있으면서 여러 가지 어려움에도 불구하고 많은 도움을 주신 히노자동차 곤도 쇼우지 회장과 사와후지전기의 야마타니 전무, 넷츠토요타난고쿠의 요코타 회장과 오오하라 사장, 토요타자동차의 디자인본부 나카가와 주사, 중국에서의 토요티즘의 현주소를 알게 해준 토요타합성 중국법인 마키우치 사장, 야마세이 중국법인 카메이 사장, 아이산공업 중국법인 데라조노 사장과 유럽에서 토요타그룹을 지원하는 RAMPF 나가누마 사장, 상해 히노자동차 요시다 부장, 토요타그룹의 유통물류에 대해 알려준 TG로지스틱스 스기노 상무에게도 감사를 표하고 싶다. 토요타그룹 외에 린컴퍼니의 활동상을 알려준 후지츠시스템즈의 미야타 사장과 후지츠의 이시즈카 총괄부장, 료비그룹의 고지마 대표를 비롯하여 위에서 언급한 상사들을 모시고 나와 교류해준 수많은 분들에게도 감사의 말씀을 드리고 싶다.

그리고 이 모든 분들과의 교류가 가능하도록 해주신 나의 원점, 낳고 길러주신 부모님께 감사의 말씀을 드린다. 늘 부재중인 남편이자 아버지를 견디고 안아준 가족들, 학창시절과 직장생활을 거쳐 오면서 사랑과 이해를 보여준 동료와 선후배, 상사들께도 감사를 전한다.

한 사람이 존재하기 위해서 이토록 많은 이들과 온 우주가 정성을 들여야 한다는 것을 새삼 느끼게 된다. 그럼에도 불구하고 감사하는 내 마음은 그토록 많은 이들과 온 우주에 가닿을 리가 없다는 한계 또한 새삼 느끼게 된다. 그래서 지금, 여기, 내 곁에 있어 실제로 만날 수 있는 모든 사람들에게 더욱 특별한 고마움을 전하고 싶다.

마지막으로, 그저 독자들에게 감사할 뿐이다.

2015년 겨울 임해성

차례

Prologue • 토요티즘, '바라봄'을 통해 얻은 '바로 봄'의 지혜	4
Intro • 토요티즘은 위기의 시대에 더욱 절실한 적자생존의 원리	16

• PART 1 •

토요티즘, 일을 바라보는 시각이 다르다

Chapter 1 • 일본의 실패, 토요타의 성공

미국식 벚꽃경영 vs 토요타식 무궁화경영	27
사람을 이익의 원천으로 인식하는 토요티즘	30
지식을 일로 바꾸지 못한 다른 일본 기업들의 몰락	34

Chapter 2 • 패러다임의 변화와 세상물정의 이해

패러다임이란 무엇인가?	39
노동에서 과업으로, 과업에서 일로	45

Chapter 3 • 토요티즘, 일에 대한 새로운 통찰

모든 산업은 이상정보의 창출과 전사 과정이다	55
일을 바라보는 관점에서 나타난 포디즘과 토요티즘의 차이	60
이상정보의 전사보다 창출이 더 큰 이익이 된다	62
일을 바라보는 새로운 관점, 인풋 중심에서 아웃풋 중심으로	66

Chapter 4 • 창조적 노동과 전사적 노동, 가치 업무와 부가가치 업무의 이해

    토요타방식에서 나타나는 가치 업무와 부가가치 업무의 극대화   70
    고객으로부터 시작되는 정보의 우위를 최초로 인정한 토요타   75

Chapter 5 • 매니지먼트, 관리와 경영의 이해

    이상정보를 통해 본 기업의 생존부등식   80
    일의 양면성, 유지하면서 동시에 바꿔야 한다   83
    토요티즘에서의 일이란 유지와 개선의 연속   86

Chapter 6 • 문제를 드러나게 하는 토요티즘의 철학

    기존 PDCA 사이클에서의 문제점   89
    가시화를 위해 C부터 시작하는 토요타   91
    이상대응 관리로 문제해결에 집중하는 토요타   94

• PART 2 •

토요티즘, 일을 하는 방식이 다르다

Chapter 7 • 토요티즘의 일하는 방식은 애자일과 린이다

    협업방식의 변화에 따른 패러다임의 변화   103
    애자일과 린으로 대변되는 토요티즘   107

Chapter 8 • 토요티즘, 시스템적으로 일한다

    시스템은 유기체이다   112
    시스템적으로 일한다는 것은 무엇인가?   116
    시스템을 구축하기 위한 4요소   118
    토요타식 시스템 업무의 시작, 자동화(自働化)   121
    시스템의 4요소와 토요타의 자동화   124

Chapter 9 • 시스템의 성패는 가시화에 달려 있다

문제를 드러내기만 해도 많은 것들이 해결된다   129
사람이 아닌 매니지먼트의 문제이므로 시스템이 필요하다   133

Chapter 10 • 애플과 구글, 토요타의 기능횡단 조직을 모방하다

토요타를 다시 일으켜 세운 오베야방식   138
토요타의 혁신적 팀플레이, 주사제도   141
토요타의 일하는 방식, 횡적연계 중심 프로젝트형 업무   146
미국 기업들이 횡적연계 시스템을 벤치마킹하다   152

Chapter 11 • 문제를 해결함과 동시에 인재도 육성한다

문제해결에 집중하는 토요타방식   157
문제해결과 반성을 통해 인재로 성장하는 문화   163
3현주의를 통한 문제해결과 인재양성   166

Chapter 12 • 최대의 효율화를 위한 토요타의 A3문화

문제해결을 위한 업무개선 기법으로서의 A3보고서   170
A3보고서 작성법 8단계   175

Chapter 13 • 사후에 대책을 세우지 말고, 미연에 방지하라

문제를 앞단에서 해결하는 프론트로딩과 수직양산   183
개발단계의 미연 방지 기법 GD^3 187
창조적 미연 방지 기법 DRBFM   188

Chapter 14 • 토요타의 새로운 가치관, TNGA

토요티즘을 실행하는 새로운 플랫폼, TNGA   190
토요티즘은 역발상이 아닌 변화된 시대의 상식   194

· PART 3 ·
토요티즘, 일 자체가 바뀐다

Chapter 15 • 적시생산 시스템(JIT)이 가져온 혁명

    미국 자동차산업을 앞지른 토요타의 JIT 생산방식   199
    토요타방식을 벤치마킹한 린 컴퍼니들의 등장   202

Chapter 16 • 미래 자동차를 위한 동반자, 테슬라와 토요타

    구글의 이반파 태양광발전소 VS 테슬라의 슈퍼차저 스테이션   206
    JIT를 실천하는 린 컴퍼니, 테슬라   210

Chapter 17 • 새로운 패러다임의 동반자, 구글과 토요타

    구글의 자율주행 자동차가 이끌 사회 변화   213
    스마트한 사회 시스템으로의 전환을 이끄는 구글과 토요타   217

Chapter 18 • 독일에서 싹튼 토요티즘, 인더스트리 4.0

    인더스트리 4.0의 목표가 곧 토요티즘   224
    인더스트리 4.0은 트렌드일 뿐 패러다임은 아니다   226

Chapter 19 • 21세기 성공 기업들이 찾은 새로운 시대의 과제

    시대 변화에 따른 기업 생존의 새로운 과제   231

Outro · 토요티즘의 또 다른 이름, 자원주의를 꿈꾸며   234
참고문헌   244

• Intro •

토요티즘은 위기의 시대에 더욱 절실한 적자생존의 원리

내가 이 책에서 중점적으로 다루고자 하는 '토요티즘'을 이해하기 위해서는 '포디즘'에 대한 이해가 선행되어야 한다.

1903년, 헨리 포드(Henry Ford)는 미국 미시간주 디어본에 자신의 이름을 딴 자동차 회사를 세운다. 그 유명한 '포드자동차 회사'다. 포드자동차 회사의 가장 큰 업적은 자동차의 대중화 시대를 열었다는 것이다. 포드자동차는 1923년 컨베이어 벨트를 이용한 분업식 조립라인을 통해 자동차의 대량생산을 가능케 했다. 이런 생산방식은 이탈리아의 지식인이자 사상가인 안토니오 그람시(Antonio Gramsci)에 의해 '포디즘'으로 명명됐다. 오늘날 포디즘은 '계획에 의한 밀어내기(push) 생산방식'으로서 대량생산과 대량소비의 축적체제를 상징한다.

'포드자동차의 일의 정의와 일하는 방식'을 의미하는 '포디즘'은 1934년에 발간된 안토니오 그람시의 책《옥중수고》속 '아메리카니즘과 포디즘 Americanism & Fordism'이라는 글에서 처음으로 '포디즘'으로 명명되었다. 그 순간 포드는 더 이상 한 기업의 '특수'가 아니라 100년을 풍미하는 업무방식으로서의 '일반화' 자격을 얻을 수 있었다. 지난 100년이란 바로 '대량생산, 대량소비의 시대'를 말한다. 수요보다 공급이 늘 부족했던 시기의 시대적 과제였던 대량생산의 문제를 보다 효과적으로 해결하는 데 있어서 포드의 방식은 누구에게나 적용할 수 있는 패러다임이자 도구상자의 역할을 해온 것이다.

20세기가 지나고 21세기를 맞이하면서 세계는 커다란 전환점을 맞이하게 된다. 인류 역사에 있어서 가장 풍요로운 시대, 물건과 정보가 넘쳐나는 시대가 도래한 것이다. 더 이상 물건과 정보가 부족하지 않다. 물건과 정보가 넘쳐나는 시장은 더 이상 '낡고 고장 나서'가 아니라 '그저 새롭지 않다'는 이유로 소비자들에게 충동구매를 유도하는 '파괴소비'를 조장하는 단계에까지 이르렀다. 의류업계는 대표적인 '파괴소비'의 선도자이다. 이제 누구도 옷이 헤지거나 구멍이 나서 버리지 않는다. 단지 '유행이 지났다'는 것을 이유로 멀쩡한 옷을 버리고 새로운 옷을 사도록 요구하고 있는 것이다.

이런 상황, 즉 우리를 둘러싼 시대적 상황이 바뀌었음을 먼저 깊이 이해해야 한다. 20세기와 달리 21세기의 가장 큰 차이와 특징은 '물건과 정보'가 부족한 것이 아니라 넘쳐난다는 점이다. 이른바 산업의 전방위에서 정신없이 일어나는 우리 주변의 모든 변화의 본질은 '공짜경제'로 표방되는 '물건과 정보의 범람'에 있다는 것을 이해해야 한다.

시대적 상황이 바뀌면 당연히 시대적 과제도 바뀌게 된다. 이제는 더 이상 포디즘의 논리가 통하지 않는 세상이 되었다. 이제는 '만든 것을 파는' 시대가 아니라, '팔리는 것을 만들어야 하는' 시대가 된 것이다. 이러한 시대적 과제에 가장 효과적으로 대응하기 위한 패러다임과 도구상자의 역할을 하는 것이 바로 이 책에서 언급할 '토요티즘'인 것이다.

대량생산의 시대에 포디즘은 작업의 '단순화', '표준화', '분업화'라는 구호와 '컨베이어 벨트'라는 상징을 들고 지난 세기 인류의 발전을 이끌었다. 단순화, 표준화, 분업화라는 것은 룰을 정하고 그것을 지키는 것에 충실하게 함으로써 목표를 달성할 수 있게 해주었고, 그런 시기에 매니지먼트(management)라는 단어는 곧 '관리'를 의미했다. 바꾸기보다는 유지하는 것이 경쟁력의 원천이었다.

반면 토요티즘은, '자동화(自働化, 품질)', JIT(Just In Time, 납기), 일인공(一人工) 추구(Full Work 추구, 원가)'라는 세 가지 기업 경영의 과제를 모두 해결하는 기업만이 최적자가 되어 고객의 '선택'을 받을 수 있다는 구호와 '컨베이어 벨트 철거'라는 상징을 들고 21세기

인류의 발전을 이끌고 있다. 이제는 단순히 어제의 일을 오늘도 되풀이하는 방식으로는 고도화하는 고객의 눈높이를 맞출 수 없고, 그런 식으로는 고객의 '선택'을 받아 살아남을 수 없다고 주장한다. 이런 시기에 매니지먼트라는 단어는 '경영'을 의미한다. 즉, 바꾸는 것, 변화하는 것이 경쟁력의 원천이라는 것이다.

생태계에서의 치열한 생존경쟁을 '자연 선택'이라고 찰스 다윈(Charles Darwin)은 말했다. 변화에 적응한 자만이 살아남는다는 것을 설명하기 위해, 다윈은 '인위 선택'에 대응하는 말로써 '자연 선택'이라는 용어를 사용했다고 한다.

이 책에서 나는 이른바 산업계에서, 그리고 우리 인간세계에서 일어나는 치열한 생존경쟁을 '시장 선택'이라고 해야 하지 않을까 생각해본다. 그러나 시장 선택은 자연 선택과는 다르다. 산업계에서 벌어지는 일은 그것이 무엇이든, 자연적으로 일어나는 경우가 거의 없다. 관계자들의 적극적인 이해와 노력의 결과로 얻어진 상품과 서비스 간 충돌 속에서 승자와 패자가 갈리는 것이다.

그런 의미에서 이 책은 다윈의 자연 선택을 적극적으로 부정하는 책이 될 지도 모르겠다. 왜냐하면 나는 이 책에서 단순히 살아남은 것들의 현재를 설명하는 것(자연 선택)이 아니라, 적극적으로 어떠한 생각과 행동을 통해 시장에서 살아남아야 하는가를 다룸으로써 미래를 설명하는 것(인위 선택)을 그 목적으로 하고 있기 때문이다.

  토요타자동차가 좋은 실적을 내고 강한 기업이라는 현상의 측면에서 바라보는 것이 아니라, 그들의 내부에 어떤 가치관과 행동양식이 있는가를 들여다볼 것이다. 그럼으로써 변화에 강한 최강의 경영술로서의 토요티즘을 독자들과 함께 생각해보고, 실행해보고, 내면화하고, 나아가 우리 한국 기업과 회사에서 일하는 모든 사람들이 스스로를 '경영'하기 위한 힌트를 얻고자 함이다.

  1부에서는 토요티즘이 담고 있는 '일을 바라보는 시각'에 대해서 다루었다. 1990년대 '총무부'라는 이름이 어느새 '경영지원팀'이 된 것은 그들의 패러다임이 바뀌어야 한다는 선언이며, 그동안 해왔던 일에 대한 정의를 바꾸어야 한다는 당위를 드러낸다. 바로 그런 의미에서 토요타와 린 컴퍼니들의 일에 대한 정의는 무엇이고 어떤 관점을 가지고 있는가를 살펴봄으로써 토요티즘이 보여주는 패러다임을 이해할 수 있다.

  2부에서는 토요타와 린 컴퍼니들은 어떻게 일을 하고 있는가라는 관점에서 목적과 목표를 달성하는 수단으로서의 조직 운영상의 특징을 소개한다. 더불어 과업을 통해 문제해결과 인재육성을 동시에 이루어낼 수 있는 이유, 그리고 그것을 가능하게 하는 수단 및 문화 등 방법론들을 소개한다.

  3부에서는 토요티즘과 린의 가치관으로 해결하고자 하는 시대적 과제에 부응하는 린 컴퍼니들이 보여주는 새로운 양상의 '일'에 대해 살펴보고, 경계가 없는 융합의 시대가 요구하는 과제에 성공적으로 대응하고 있는 다양한 기업의 사례를 살펴보기로 한다.

다만 본론에 들어가기에 앞서 한 가지 밝혀두고 싶은 것이 있다. 내가 이미 미국에서 명명되고 어느 정도 알려진 '린(lean)' 방식이라는 용어 대신에 '토요티즘'이라는 용어를 고집하는 이유이다.

그 첫 번째 이유는, 우리가 가까운 일본에서 볼 수 있는 토요타자동차와 그 협력사들의 사고방식과 일하는 방식의 수준이 멀리 미국과 캐나다, 호주와 유럽 등지에서 활약하는 린 컴퍼니들보다 훨씬 높기 때문이다. 귤이 회수를 건너면 탱자가 된다고 했다. 일본에서 탄생하고 발달한 것을 미국을 거쳐 들어오는 이론이나 용어로 쓸 필요가 없다는 것은, 굳이 원본을 두고 번역본으로 공부할 이유가 없는 것과 같은 이치다. 나는 2004년 한국에서 출간된 제프리 라이커(Jeffrey Liker K.) 교수가 쓴 《토요타 웨이(The Toyota Way)》를 읽으면서 그 생각을 굳혔다. 제프리 교수는 20년간 미국과 호주의 린 컴퍼니를 보고 연구한 결과를 책으로 묶었다고 했다. 그런데 그가 묘사한 린 컴퍼니의 수준은 당시 내가 본 일본의 토요다자동차와 협력업체에 비하면 상당한 정도의 수준 차이가 있다고 판단했다. 그리고 이것은 2004년 오스틴에 있는 삼성 반도체공장의 미국인 관리자들을 대상으로 교육을 하기 위해 미국의 토요다 겐디

키공장과 그 협력업체들을 둘러보았을 때 직접 확인한 사실이기도 하다. 그리고 사실, 린 방식이라는 용어 자체가 미국의 패배주의의 산물이라는 생각도 했다. 린이라는 용어는 1986년부터 5년 동안 전세계 17개국 90여개 자동차 생산 공장과 토요타 공장을 비교 연구한 결과를 1991년 워맥(J.P. Womack)과 존스(D.T. Jones) 두 교수가 《생산방식의 혁명(Lean Thinking)》이라는 책에서 '린 생산(Lean Production)'이라는 말을 처음으로 사용하면서 알려졌다. 그러나 그 시기는 엄청난 불황을 겪으면서 일자리를 잃은 미국 노동자들이 일본제 자동차를 부수며 시위를 벌이고, 일본에서는《노라고 말할 수 있는 일본(「NO」と言える日本)》이라는 책이 나오는 등 양국의 자존심 대결이 극에 달한 시기이기도 했다. 이 시기에 그들은 호부호형하지 못하는 홍길동처럼 토요타의 이름을 토요타로 부르지 못했을 것이다. 그래서 대신 린(야윈, 군살이 없는)이라는 용어를 사용했고, 그것이 전세계로 확산되었다. 하지만 나는 원래의 자리로 돌려놓는다는 의미에서 워맥 교수가 마땅히 사용했어야 할 '토요티즘'의 이름을 살리고자 한다.

두 번째는, 이것이 더 중요한 이유이기도 한데, 시대적 과제를 포괄하는 산업화 시대의 '포디즘'과 대비되는 개념으로서의 '토요티즘'을 강조하기 위해서이다. 너무나 흔하게 사용되는 '혁명'과 '패러다임의 변화'라는 말의 홍수 속에서 수도 없이 명멸하는 기법이나 방법론과 다르게, 포디즘과 토요티즘은 20세기와 21세기를 대변하는 패러다임으로 작동했으며, 작동하고 있음을 이해하기를 바라는 마음에서이다.

  자, 그럼 지금부터 본격적으로 새로운 시대적 과제를 풀어낼 새로운 패러다임, '토요티즘' 속으로 들어가보자.

PART 1

토요티즘,
일을 바라보는 시각이 다르다

Part 1에서는 토요티즘이 담고 있는 '일을 바라보는 시각'에 대해 다룰 것이다. 일본 제조업의 경쟁력의 원천을 '모노즈쿠리(물건 만들기)'라는 용어로 안착시키고, 여기에 토요타생산방식의 사상을 녹여 '세계'와 대비되는 개념으로서의 '일본 제조업의 특성'을 만들어낸 이는 동경대학교의 후지모토 다카히로(藤本隆宏) 교수이다.

나는 Part 1에서 토요타자동차와 다른 일본 기업들이 매우 다르다는 설명을 하겠지만, 후지모토 교수가 토요타자동차라는 특수한 사례를 '일본적'인 것으로 '보편화'내지는 '일반화'해서 설명하는 개념을 준용하여, 일을 바라보는 시각에 대해 설명하고자 한다.

더불어 노동과 과업과 일에 대한 각각의 정의에 대해서는, 사실 매일 업무에 임하고 있으면서도 많은 이들이 깊게 생각해보지 못하는 주제가 아닌가 싶다. 본 파트에서 이들에 대한 정의와 지속가능성을 높여주는 매니지먼트의 의미, 문제해결에 초점을 맞춘 일의 철학에 대한 답을 찾을 수 있을 것이다.

Chapter 1

일본의 실패, 토요타의 성공

이번 장에서는 토요타가 일을 바라보는 시각이 다른 산업이나 기업과 어떻게 다른지에 대한 이해를 돕고자 한다. 그리고 토요타자동차라는 제조업의 영역을 넘어서서, 모든 산업을 아우르는 '일에 대한 정의'와 모든 부문을 아우르는 '일의 방식을 이끌어내는 인식'에 대해 설명하고자 한다.

미국식 벚꽃경영 vs. 토요다식 무궁화경영

우선 일본에 대한 이야기로 시작해보자.

《지식창조기업(The Knowledge Creating Company)》이라는 책이 있

다. 저자인 히토츠바시대학의 노나카 이쿠지로(野中 郁次郎) 교수가 제창한 '지식경영(Knowledge Management)'라는 개념은 출간 당시 일본에 커다란 반향을 일으켰다. 나도 2006년에 노나카 교수 등이 쓴 《전략의 본질(The Leadership of Winners)》이라는 책을 번역하기도 했다. 지식경영의 주창자이며 대가로 알려진 노나카 교수의 지식창조론은 일본을 넘어 전세계로 퍼져나갔다.

노나카 교수가 저서에서 지적한 바와 같이, 확실히 일본 기업은 지식을 통해 이익을 창출해왔다. 원래부터 천연자원이 없고, 인건비가 높은 일본 기업이 성공하기 위해서는, 우리 한국에서도 늘 그래왔듯이, 사람이 유일한 자원이었다. 그래서 사람의 일과 그 결과로서 축적된 지식을 이익으로 전환하는 것 외에 좋은 방법은 없었던 것이다.

일본과 아주 비슷한 환경 속에서, 아주 비슷한 궤적을 그리며 성장, 발전해온 한국의 내일을 예측하는 리트머스는 거의 언제나 일본인 것이 사실이기 때문에 일본의 성장이 무엇을 매개로 하였는가에 대한 이해는 그래서 필요하다. 오히려 영미권역에서 공부하고 돌아온 지식인들이 실질적인 영향력을 크게 미치고 있는 오늘날의 한국 기업들에게 내가 굳이 토요타라는 기업을 다시 보여주고자 하는 것은 바로 '지속가능한 경영'에 대한 올바른 힌트와 답이 토요타에 있다고 보기 때문이다.

결론부터 말하자면, 미국식 경영은 단거리 승부에 강한 방법론이다. 단기 실적과 소수 엘리트가 보여주는 퍼포먼스에 열광하는 미국식 경영은 그래서 역설적으로 '벚꽃경영'이다. 화려하게 등장했다가 순식간에 사라지기를 반복하는 그들은 '경영'의 영속에 관심이 있지, '기업'과 그 속에서 생활하는 '사람'의 영속에는 관심이 없는 듯하다.

그에 반해 토요타자동차의 경영은 지구촌 기업 모두가 추구해야 할 지속가능 경영, 즉 '무궁화경영'의 속성을 많이 가지고 있다. 화려한 변용이 아니라 일관된 원리 속에서 우직하게 본질을 수행하는 기업이 얻을 수 있는 성과에 대해서 보여주는 것이 많다. 장기적이고 안정적인 기업의 발전과 그 안에서 일하는 사람들의 팀워크를 중시하는 문화를 지금껏 이어오고 있다.

다만, 여기서 내가 한 쪽은 미국식 경영이라고 하고, 한 쪽은 일본식 경영이 아니라 '토요타식 경영'이라고 하는 것은 대부분의 일본 기업들이 토요타와 다르기 때문이다. 따라서 토요타의 경영방식을 일본식 경영이라고 부르면 오류가 된다. 일반론으로 '승자의 방식'이라고도 부르고 싶은 충동이 있지만, 기왕 언급한 것처럼 '벚꽃경영'과 '무궁화경영' 정도의 의미로 이해하기를 바란다. 그리고 이 책에서 근본적으로 이야기하고자 하는 바는 기업의 '방식'만이 아니며, 영속 경영을 가능케 하는 개인들의 '일'에 대한 이야기까지 포함하고 있다. 그래서 토요타라는 꽃을 들어 보였지만 사실은 그 꽃을 피운 가지와 뿌리, 즉 사람과 그 사람이 하는 '일'에 대한 통찰의 기회가 되었으면 하는 것이 저자로서 나의 바램이기도 하다. 그나마 다행스러운 것은 토요티즘의 핵심개념들이 '아마존', '구글'과 같은 기업에 받아들여져 미국에서 꽃을 피우기 시작했고, 이를 한국 기업들도 유심히 들여다보려는 노력을 하고 있다는 것이다.

 그런데 일본의 경영 컨설턴트인 사카이 타카오(酒井崇男) 선생이 그의 저서 《탈렌트의 시대(「タレソト」の時代)》에서 지적한 바와 같이, 세계적으로 유명한 노나카 교수의 어떤 책을 읽어보아도 관심사인 '지식과 이익'의 관계가 분명히 설명되어 있지 않다. 하지만 인간의 '일'을 통해 이익을 창출했다고 하려면 어떤 식으로든 '지식과 이익의 관계'를 규명할 필요가 있다. 그런 면에서 동경대학교 경제학부 후지모토 다카히로(藤本隆宏) 교수의 생산매니지먼트 이론을 바탕으로 사카이 선생이 다음과 같이 설명하는 바는 생각해볼 가치가 있다.

사람을 이익의 원천으로 인식하는 토요티즘

지식이 어떻게 이익으로 이어지는가, 인간의 노동이 어떻게 이익으로 이어지는가를 설명하기 위해 우선 '노동'과 '과업'과 '일'을 구분해서 이해해야 한다. 먼저 노동이란 인간이 두뇌나 신체를 이용하여 무언가 처리하는 것을 말한다. 과업이란 회사와 같은 조직에서의 역할로써, 노동하는 사람에게 부여하는 태스크 혹은 그 프로세스를 말한다. 마지막으로 일이란 그 노동의 결과가 기대한 성과를 창출했는가 아닌가를 말한다.

결국 우리는 노동을 통해서 주어진 과업을 수행하여 성과가 창출되었을 때에만 '일'을 했다고 할 수 있으며, 이때의 일이 곧 이익을 낳는 것이 된다. 토요타에서 그토록 강조하는 '일'과 '움직임'의 구분은 바로 이것을 말한다.

사람들이, 그리고 그들이 이룩한 지식이 각각의 시대를 관통하면서 어떻게 이익에 공헌했는가를 이해하는 것은, 기업들이 사람을 이익의 원천으로 인식함에 있어서 매우 중요한 개념이다. 왜냐하면 일반적으로 듣는 것과는 달리 언제나 사람은 '비용'으로 인식되기 때문이다.

누구나 인정하듯이 사람이나 조직을 유지하는 데는 돈이 든다. 그래서 회계적 관점에서만 보았을 때, 재무회계에서 다루는 '인간'은 그가 발휘하는 일의 질이나 종류와 상관없이 모두 같은 인건비라는 '비용' 계정과목으로만 취급된다. 관리회계에 등장하는 '인재'도 마찬가지로 공장에서 일하는 사람의 인건비 혹은 사무실에서 일하는 사람의 인건비로 파악될 뿐이다. 혹은 정시원은 고정비로, 파견사원은 변동비 정도로 구분하고 있으니, 사람과 그 사람이 수행하는 '일'과는 상관없이 재무제표상 인간은 그저 '비용'일 뿐이다.

"우리 회사는 사람이 가장 큰 자산이라고 생각합니다. 따라서 인재(人財)라고 부릅니다"라고 말하면서도 구조조정을 할 때에는 비용이 높은 순, 결국 급여가 높은 순으로 기계적으로 해고하는 기업이 많다. 필요에 따라 입맛에 따라 인재라는 말을 남용하고 있는 것이다. 어떤 때는 자산, 어떤 때는 단순한 비용으로 취급하는 것이다. 특정 기업에 대한 이야기가 아니다. 숫자에 가장 민감할 수밖에 없는 경영자에게 있어, 경제학이나 경영학의 무의식이 작동되는 메커니즘을 이야기하는 것이다.

그리고 또한 인재라고 하면서도 정확하게 어떤 의미의 자산인가에 대해서도 명확히 설명된 바 없다. 사실 이러한 애매모호함은 회계분야만이 아니라 경제학이나 경영학에서도 마찬가지다. 아마도 이러한 학문들의 탄생 배경이 인간의 '노동'을 바라봄에 있어서 19세기의 단순노동, 즉 육체노동을 전제로 했기 때문일 것이다. 토지, 노동, 자본이라는 생산의 3요소를 말하는 경제학은 19세기에 시간이 멈추어져 있다. 그 당시에는 인간이 노동을 통해 창출하는 가치의 질적인 측면에 관해서는 고려할 수 없었을 것이다. 충분히 이해가 간다. 뒤이어 탄생한 경영학에서는 생산의 4요소로 토지, 노동, 자본에 경영을 추가하기도 한다. 교과서에는 시대를 반영해서 노동을 포괄적으로 육체적, 정신적 모든 노동이라고 하고, 토지는 모든 인프라를 포괄하고, 자본은 생산수단 전반을 포괄한다고 기술하기는 했지만 아무래도 우리가 살아가는 오늘날의 노동관이나 인간관을 충분히 표현하기에는 역부족으로 보인다.

한편으로, 육체노동이든 정신노동이든 땀 흘려 열심히 일하는 것이 존중 받아야 한다는 생각은 늘 있어 왔다. 노동에 투입되는 양, 즉 시간은 중요한 경영자원의 하나로 간주되어 왔다. 그러한 노동의 양에 대한 관심의 한편으로 노동의 질에 대한 관심도 점차로 높아지게 되는데, 제2차 세계대전 이후의 일본인들이 적극적으로 추진해온 것들이 그런 것들이었다. '어떻게 하면 땀을 덜 흘리고 같은 결과를 얻을 수 있을지 머리를 쓰자'는 것인데, 이런 일본인들의 노력의 산물인 업무의 '개선(改善)'은 현재 '카이젠(Kaizen)'으로 전세계에 받아들여졌다. 나아가 오늘날에는 사람들은 단 한 방울의 땀도 흘리는 일이 없이, 기계와 로봇만으로 계속해서 제품을 생산하는 경우도 드물지 않다. 결국 쉽게 이해할 수 있듯이 인간의 땀 흘리는 노동은 전문지식의 성과물인 기술로 대체되어 왔다. '땀 흘리는 노동을 없애기 위해 머리를 쓰자'는 노동으로 인해 세계의 많은 나라들이 물질적인 풍요를 누리고 있다. 이런 흐름은 피터 드러커(Peter F. Drucker)에 의해 '일본적 경영'이라고 명명되었고, 1997년 IMF 사태를 겪기 전까지 많은 한국 기업들이 일본 기업들을 벤치마킹한 것이 사실이었다.

지식을 일로 바꾸지 못한 다른 일본 기업들의 몰락

그러면 오늘날 과연 우리는 '몰락'이라고 표현해도 과하지 않은 일본의 오늘을 어떻게 이해해야 할까. 우리 모두가 알고 있는 바와 같이, 소니, NEC, 마쓰시타와 같이 한 시대를 풍미한 기업들이 버블 붕괴 이후 경쟁력을 잃어갔고, 현재는 대부분의 일본 기업들이 패자진영에 속해 있다. 글로벌 경쟁에서 패배한 전자업계에서는 종신고용이 완전히 사라졌다. 평생 한 직장에서 근무할 것이라고 생각했던 직장인들이 해고 통보를 받았다. 어, 어! 하는 사이에 회사와 사업부와 공장이 사라진 것이다. 원래 그들은 일본 경제를 떠받친다는 기개로 '회사인간'이라는 말까지 들어가며 열심히 노동을 해온 사람들이다. 왜 그랬을까? 과업을 보다 효율적으로 수행하게 해주는 스킬과 지식을 작업에 적용해온 일본인들은 왜 30년이 다 되어가도록 지속적으로 실패하고 있는 것일까? 반면 토요타는 왜 그러한 같은 환경 속에서도 승승장구하고 있는 것일까?

여기에서 우리는 다시 한번 지식과 이익의 관계를 이해할 필요가 있다. 한때 지식을 활용해 세계를 호령하던 일본은, 노나카 교수가 주창한 지식경영의 선두주자가 되기는커녕 대부분의 기업들이 패자진영에 몰려 있다. 이것은 바로 지식이나 지적 자산이 매출이나 이익을 창출하는 '일'로 전환되지 못한 탓이다.

생각해보자. 상품이든 서비스이든 사람들이 원하는 것은 어떻게 만들어지게 되는 것일까. 예를 들어 왜 '자라'와 '구글', '토요타'는 성공하는데, 왜 다른 기업들은 실패한 것일까. 그것은 확실히 팔리는 물건이나 서비스란 무엇인가를 이해했느냐에 달렸다. 최첨단 기술이나 자금, 제품을 만드는 공장에서의 품질의 문제가 아니다. 세계적으로 이제 이런 지표들은 핵심 경쟁 원천이 아니다. 사람들이 원하는 것, 즉 우리들이 만드는 물건이나 서비스가 창출하는 가치, 그 창출방법, 결과를 내는 '일'의 질을 둘러싼 싸움의 양상은 게임을 아주 다른 모습으로 바꾸어놓았다.

현대적인 의미에서 인간이 창출해야 하는 가치 혹은 부가가치란 무엇이고, 또 그것을 창출하는 노동이란 무엇이며, 그것과 기업의 이익의 관계는 어떠한가를 제대로 이해할 필요가 있다. 오늘날 일본 기업들의 실패는 바로 이러한 인식의 결핍에 있다. 기술이나 인재나 자금 따위의 문제가 아니다. 토요타와 달리 그들의 실패는 인재와 그 '일'에 대한 생각이 시대에 뒤떨어졌기 때문이다. 최근에는 전기, 통신, IT 등 일본의 많은 기업들의 실적이 회복된 듯 보이는 것도 사실이다. 그러나 사실 일본 기업들의 부활의 실체는 '자력(自力)회복'이 아니라 아베노믹스로 인위적으로 조성된 엔저 환경이나 일본 정부의 예산을 소화하기 위한 경기부양책 등에 기인한 '타력(他力)회복'이다. 그러한 가운데 거의 유일하게 토요타자동차만이 세계를 호령하면서 자력회복과 진군의 나팔을 울리고 있다. 토요타는 2014년도 결산 실적에서 사상 최대의 성과를 드리냈다. 매출액 27조 2,345억 엔(약 247조 원)에 영업이익 2조 7,505억 엔(약 25조 1,170억 원)이 그것이다. 내용을 들여다보면 놀랍게도 원가절감에 의한 효과 금액이 1조 8000억 엔에 달한다. 무엇이 토요타와 다른 일본 기업들을 갈라놓은 것일까.

일본 기업들에게는 확실히 기술과 인재와 자금이 있었다. 그러나 글로벌 시장에서의 경쟁이 본격화된 이후, 일본 기업의 존재는 무시해도 좋을 만큼 충분히 작아져 있다. 그 이유의 하나는 높은 학력과 기술력, 그리고 고도의 지식을 가진 인재가 개발한 출중한 기술을 투입해 완성된 '팔리지 않는 제품'을, 최고의 생산방식으로 알려진 토요타생산방식(TPS)으로 생산하고, 재고관리를 했기 때문이다.

토요타생산방식의 기본 중의 기본은 '팔리는 것'을 '팔리는 때'에 '팔리는 만큼만 생산'하는 것이다. '팔리는 것'을 만든다는 말을 이해하지 못하고, 지금까지와 마찬가지로 '만든 것'을 팔려고 했던 많은 일본 기업들은 패자진영에 앉아야만 했다. 그것을 단적으로 표현한 것이 '갈라파고스섬, 일본'이다. 팔리지 않는다는 것에 관한 한 그들은 여전히 세계 최고의 원천기술과 응용기술을 가지고 있다.

대량생산의 시대는 끝났다고 한다. 지금은 물건이 넘쳐나는 시대이다. 그 배경에는 '시장과 생산기술의 성숙'이 있다. 일상적으로 필요한 생활필수품은 양질이면서도 싸게 구할 수 있기 때문에 소비자들의 눈높이가 높아졌다. 고객들은 니즈에 부응하는 제품이나 서비스가 제공되었을 때 비로소 돈을 지불한다. 니즈에 맞으면 다소 비싸도 사는 반면, 니즈에 맞지 않으면 아무리 싸다고 해도 지갑을 열지 않는다.

중국을 비롯한 신흥국의 주목 받는 대기업들이나 세계를 무대로 비즈니스를 전개하는 애플이나 삼성 등, 수많은 기업들이 지금도 버젓이 엄청난 대량생산을 통해서 물건을 만들어 팔고 있다. 그럼에도 내가 감히 대량생산의 시대가 끝났다고 말을 하는 것은 기업의 입장에서 보면, 만들면 팔리는 시대, 전체적으로 보았을 때 수요보다 공급이 부족한 시대는 끝났다는 의미이다. 이렇게 물건이 넘치고 공급이 넘치는 사회가 된 것은 양산기술이 확립되었기 때문이다. 결국 '어떻게 좋은 물건을 싸게 만들 것인가'와 관련된 기술은 과거 60년간 대폭적으로 진화했고, 더 이상 제조업에서 양산기술의 확보 여부는 사업의 제약이 아니라는 말이기도 하다.

주지하는 바와 같이 대량생산 방식은 미국의 포드에 의해 확립되었다. 이른바 포드생산방식은 자동차산업뿐 아니라 식품가공, 음료, 제약, 소재, 농업 등의 모든 분야로 파급되었다. 사람들에게 지난 100년 동안 그것은 상식이었다. 만든 것을 파는 것이고, 만들면 팔렸다.

하지만 오늘날 포드가 자신들의 공장에서 채택하고 있는 생산방식은 포드생산방식이 아니라 토요타생산방식이다. 현재의 포드는

'팔리는 것'을 '팔리는 때'에 '팔리는 만큼'만 생산하려 노력하고 있다. 만든 것을 파는 것이 아니라, 팔리는 것을 만드는 것이다.

돌아보면 현재 승승장구하고 있는 기업들은, '어떻게' 만들 것인가에 대해서는 생산기술이 확립되어 있기 때문에, 즉 아무런 제약이 아니기 때문에, '무엇'을 만들 것인가에 가장 많은 자금을 사용하고 있다. 그렇게 '팔리는' 물건이 있고 나서야 비로소 기업은 이익을 얻을 수 있기 때문이다. 토요타의 실적은 바로 '팔리는 것'에 대한 개발프로세스와 그것을 '팔리는 때에, 팔리는 만큼' 만들 수 있는 생산프로세스를 담당하는 사람들이, 그들의 노동을 주어진 과업을 통해 훌륭하게 '일'했기 때문이다.

이처럼 그들은 일을 바라보는 시각부터가 다른 것이다.

Chapter 2
패러다임의 변화와 세상물정의 이해

세상물정이란(世上物情) 세상이 돌아가는 형편이나 상황을 말한다. 결국 세상물정을 안다는 말은 세상이 돌아가는 형편이나 상황을 이해하고 있다는 말이다. 다른 각도에서 보면 세상이 돌아가는 것을 이해하려면 무언가를 알아야 한다는 말이다. 세상에 대한 이해를 설명하는 외래어로는 패러다임(paradigm)이라는 말이 있다. 우선 패러다임이 무엇인가에 대한 기본적인 이해가 필요하다.

패러다임이란 무엇인가?

패러다임을 이해하기 위해서는 오늘과 미래를 들어 이야기하기보다는, 과거를 들여다보는 것이 쉽다고 생각한다. 사람들은 자신과 직접적인 상관이 없는 과거의 이야기를 들을 때는 편견이나 선입견 없이 진솔하게 사상을 이해할 수 있기 때문이다. 우리나라 치우천황과 중국 헌원의 이야기를 통해 패러다임을 이해해보자.

사마천의 사기(史記)《오제본기(伍帝本紀)》에 헌원에 관한 기록이 있다.

"신농씨(神農氏)의 나라가 쇠하여 제후들이 서로 다툴 뿐만 아니라 백성들을 사납게 짓밟았으나 신농씨는 이를 휘어잡지 못하였다. 이때 헌원(軒轅)이 무력으로 제후를 치니 모두 와서 복종하였다.
(중략)
헌원은 이에 덕으로 다스려 병사들의 전력을 강화했으며 오기(伍氣 : 다섯 가지 날씨, 비, 햇볕, 더위, 추위, 바람)를 다스리고, 오곡(伍穀 : 다섯 가지 곡식, 쌀, 수수, 보리, 조, 콩)을 심게 하여 백성을 어루만졌다."

한편, 당나라 때 역사학자 사마정의 《사기색은(史記索隱)》에는 치우에 관한 기록이 있다.

"관자(菅子)는 '치우(蚩尤)가 노산(蘆山)의 금(金)을 얻어 다섯 가지 병기를 만들었다'고 했다."

또 역시 당나라 때의 장수절은 《사기정의(史記正義)》에서 이렇게 말했다.

"황제(헌원)가 섭정하기 전, 치우는 형제 81명이 있었는데, 짐승의 몸에 사람 말을 하였고, 구리머리에 쇠이마(銅頭鐵額)를 하였으며 모래와 돌을 먹었다. 칼, 창, 큰 활 등의 병장기를 만들어 천하에 위세를 떨쳤다."

종합해보면 상황은 이러하다.
양자강과 황하강의 중간지역을 의미하는 중원 땅에서는 수없이 많은 다툼이 발생했는데, 그 역사의 뿌리가 깊다. 신석기시대에 이르러 농경문화가 시작되고, 정착민들 간에 세력 다툼이 있었음이야 쉽게 이해할 수 있는 부분이다. 그런 혼란상을 신농씨의 뒤를 이은 헌원이 무력으로 제압하고 안정을 가져왔다는 설명으로 사기의 《오제본기》 내용을 이해할 수 있다. 쉽게 말해 헌원의 세력은 신석기시대 당시 가장 석제 무기를 잘 사용하는 부족이었을 것이다. 석기로는 이길 자가 없었다고 보면 되겠다. 그는 주변의 여러 부족을 아우르고 수장의 위치를 확보하게 된다.
그러나 그런 그에게 위기의 그림자가 드리워지는 것은 다름 아닌 동이족의 수장, 치우의 등장이었다. 금속으로 다섯 가지 병기를 만들고, 금속제 투구와 갑옷으로 무장한 치우의 군대는 분명 헌원

세력에게는 괴물로 인식되었을 것이다. 동두철액(구리머리에 쇠이마)에 모래와 돌을 먹는 짐승들. 그들에게 헌원은 졌다.* 두 번째의 전투도, 세 번째의 전투도. 최후의 전쟁인 탁록대전에서 질 때까지 무려 73회의 전투에서 헌원은 졌다.

우리는 이 둘 간의 최후의 전쟁인 탁록대전 이야기에서 패러다임의 문제를 쉽게 이해할 수 있다. 헌원이 다스리는 한족 중심 사회의 주된 패러다임은 석기였다. '무기'는 곧 '석제 무기'를 의미했다. 다른 것은 생각할 수도, 생각할 필요도 없었다. 그것으로 헌원 세력은 넘버원의 자리에 올랐다. 그런데 놀라운 일이 발생했다. 다른 세력들이 밀고 들어온 것이다. 더군다나 그들은 듣도 보도 못한 '청동제 무기'라는 것을 사용하고 있었다. 첫 번째 전투에서 패했다. 헌원은 당혹스러웠을 것이다. '왜 우리가 졌을까. 석제 무기를 보다 효율적으로 사용하지 못했기 때문이리라.' 헌원은 첫 패배를 무기

....

* 중국측 사료에는 헌원이 치우에게 마침내 승리한다는 기록이며, 한국측 사료에는 치우가 승리하고, 헌원이 항복하지만 헌원의 통치권을 그대로 인정해줌으로써 중원에서 비로소 한족의 자치가 시작된다는 주장이다. 나는 후자를 따랐다. 왜냐하면 기록은 그것이 참을 기록했든, 거짓을 기록했든 항상 '흔적'을 남기기 때문이다. 중국의 사서에 '동두철액'이라고 표현한 것은 치우가 당시 금속제 무기를 만들어 자신들을 압도했음을 보여준다. 이 외에도 그의 흔적은 지금도 중국 전역에 많이 남아 있다. 중국인들은 치우를 전쟁의 신으로 모시고 각지에 사당을 지어 제사를 모신다. 만약 탁록대전에서 치우가 졌다면, 그리고 그것이 역사적 사실이라면, 중국인들이 현재에 이르기까지 치우를 '전쟁의 신'으로 모시는 집단무의식을 설명할 길이 없다. 또한 우리는 지금도 최고위층 사람을 우두(牛頭)머리라고 하는데, 이는 당시 치우가 전쟁에 항상 동으로 만든 투구에 양쪽으로 쇠뿔 모양의 장식을 달고 다닌 데서 유래했다.

체계의 문제로 받아들이지 않았다. 기존 무기의 효율의 문제로 받아들였다. 그렇게 두 번째, 세 번째 전투에서도 헌원은 패배를 하게 된다. 하지만 헌원은 여전히 자신의 생각을 바꾸지 못한다. 나는 이 석제 무기로 중원을 호령하여 왔노라고. 따라서 이 패배들은 전술의 문제이고, 운용의 문제라고 판단한 것이다. 헌원은 더 많은 장수와 더 많은 군사를 전쟁으로 몰아넣었다. 무려 10년간에 걸쳐 73회의 전투에서 헌원은 모두 패하고 만다. 마침내 헌원은 치우에게 항복을 하게 된다. 헌원은 마지막까지 자신의 패러다임을 의심하지 않았다. 그에게 있어 무기체계란 석제 무기였으며, 전쟁의 승패는 전술과 그 운용에 달려 있다고 믿었다. 그런 믿음은 거듭되는 패배와 수많은 목숨을 담보로도 증명되지 않았다. 항복을 결심한 헌원은 시대가 바뀌었음을 인정할 수밖에 없었다. 그가 패러다임이 바뀌었음을 인정하고 나서야, 비로소 중원에서 청동기시대가 꽃피게 된다.

그렇다면, 패러다임(paradigm)이란 무엇인가. 그것은 한 시대에 혹은 한 집단 내에 존재하는 주도적인 '인식'을 말한다. 크게 보면 '시대정신'이요, 작게 보면 '상식'이다. 숨 쉬는 것처럼 자연스럽게 받아들이는 가치판단이 기준임을 알 수 있다. 우리가 석기시대라고 부르던 시대의 사람들에게 무기는 돌이었다. 돌은 지금도 여전히 존재하지만, 지금의 우리는 '돌'을 무기체계의 수단으로 사용하지 않는다. 따라서 현재의 '돌'은 적어도 무기라는 틀에서는 어떠한 의미도 갖지 못한다. 그들에게는 '전부'였던 것이, 우리에게는 '전무'이다. 이런 것을 우리는 패러다임이라고 한다. 그렇다면 현재의 우리를 둘러싸고 있는, 특히나 기업 환경을 둘러싸고 있는 패러다임의 변화는 과연 무엇이며, 그러한 변화를 수용하고 주도하기 위한 세상에 대한 이해는 어떻게 도달할 수 있는가? 질문은 자연스럽게 우리시대의 패러다임, 즉 세상물정의 변화를 이해하는 데로 나아간다.

사실 세상물정이라는 말 속에는 이에 대한 놀라운 힌트가 들어있다. 세상물정(世上物情)이라는 말이 우리에게 알려주는 힌트는, '세상을 이해하기 위해서는 물건(物)과 정보(情)의 관계를 알아야 한다'는 것이다.

나는 이 물정이라는 단어 하나만으로도 이 세상에 존재하는 모든 산업을 이해할 수 있다고 생각하는데, 이는 뒤에서 설명할 것이다. 물과 정보의 관계 혹은 물과 정보의 흐름. 결론부터 말하자면 우리는 지난 100년간 물건(物)이 우위를 점하던 시대를 지나 정보(情)가 우위를 점하는 시대로 들어서고 있다. 패러다임이 바뀌는 시기를 살고 있다는 말이다. 오직 과도기의 인간만이 패러다임의 변화를 체험하고 혼란을 겪는다. 석기시대 중간에 산 사람은 패러다임의 변화를 겪지 않는다. 청동기시대 한 중간에 산 사람 역시 패러다임의 변화를 겪지 않는다. 오직 석기시대에서 청동기시대로 넘어가는 과도기에 사는 사람만이 패러다임의 문제와 부딪히게 된다. 그런 의미에서 현재의 우리는 모두 패러다임 전환기의 과도기인들이다.

인간은 늘 결핍과 싸워왔다. 그러한 결핍의 극복과정을 단순화해서 구분한 일반적인 표현이 있다. 바로 앨빈 토플러(Alvin Toffler)의 구분이 그것인데, 농업혁명으로 대변되는 '신석기 혁명'이 그 첫 번째요, 산업혁명으로 대변되는 '대량생산 혁명'이 그 두 번째요, 마지막으로 정보혁명으로 대변되는 오늘날의 '지식 중심 사회'가 그것이다.

인간의 주린 배를 채우는 데에만 수백만 년의 시간이 필요했다. 유럽에서 흥기한 산업혁명을 통해 전세계가 오늘날과 같은 물질적 풍요를 누린 것만을 보자면, 제2차 세계대전 후의 60년 정도에 불과하다. 산업혁명으로부터 따져보아도 불과 230년이다. 그러나 그 시기 인류가 이룩한 물적 성장은 우리 시대 패러다임의 기초가 되었다. 대량생산에 기초한 사고방식이 우리를 여기까지 오게 했다. 물건을 만들어내는 생산의 역사가 현대사회를 이끄는 기본 동력이었던 것이다. 이른바 물(物)이 사상을 지배하는 시대였다.

노동에서 과업으로, 과업에서 일로

마르크스는 인간의 노동만이 가치를 창출할 수 있다고 보았다. 그러한 노동이 '육체노동'만을 의미하는 것이 아니라면 어느 정도는 맞는 말이다. 하지만 노동이 있었다고 해서 반드시 가치가 실현되는 것은 아니라는 면에서는 맞는 말이 아니다. 다시 한번 정리하자면 인간의 노동(작업자의 육체노동뿐 아니라 사무직 관리자의 노동, 경영자의 경영이나 정치인의 정치 행위까지를 모두 포함하는 정신노동)은 투입요소이다. 그러한 투입요소를 가지고 무언가, 즉 물품(재화)이나 서비스(용역)를 산출하는 과정, 즉 프로세스가 '업무' 혹은 '과업'이다. 이 단계에서도 반드시 가치 혹은 부가가치가 발생한다고는 할 수 없다. 그러한 노동과 과업이 어떤 가치, 혹은 부가가치를 실제로 창출했다는 결과를 얻었을 때, 비로소 우리는 '일'을 했다고 봐야 한다. 그래서 앞에서 노동과 과업과 일을 구분할 필요가 있다고 설명했었고, 토요타에서 말하는 '일'이란 바로 이렇게 가치나 부가가치가 발생한 순간만을 일로써 인정한다고도 했었다. 나머지는 비가치 업무, 혹은 비부가가치 업무이다.

결국 인간의 노동은 그것이 농사이든 공장에서의 작업이든 사무실에서의 정보처리이든 경영자의 고뇌이든, 자신들의 역할에 따라 주어진 '과업'이 이끄는 프로세스를 통해 새로운 가치 혹은 부가가치를 창출하는 '일'로 전환되었을 때 비로소 의미가 있는 것이다. 이것이 앞 장에서 설명하고자 했던 '지식과 이익'의 관계를 결정짓는다.

경영학의 관심사는 한마디로 말하자면 바로 이 노동에서 과업으로, 그리고 과업에서 일로의 비중을 어떻게 확대할 것인가에 있을 뿐이다. 이것은 무슨 말인가?

앨빈 토플러는 인류 전체의 역사를 제1의 물결(농업혁명), 제2의 물결(산업혁명), 제3의 물결(정보혁명)이라고 구분했다. 피터 드러커는 산업혁명 이후의 역사를 산업혁명과 생산성혁명, 그리고 경영혁명이라고 구분했다. 이제 우리 모두는 우리가 사는 시대를 지식혁명 혹은 정보혁명 등의 용어로 묘사하고 있다. 이것은 모두 당대의 시대적 과제를 드러내는 좋은 상징이라고 볼 수 있다.

우선 산업혁명이라는 시기의 시대적 과제는 바로 '대량생산' 그 자체에 있었다. 생산성혁명이라는 말 속에서는 그 대량생산을 얼마나 적은 자원으로, 얼마나 많이, 얼마나 빠르게 만들 것인가라는 '효율' 혹은 '능률'이 시대적 과제였음을 말한다. 경영혁명, 혹은 정보혁명, 지식혁명은 이제 얼마나라는 'How'의 시대를 넘어서 무엇을 할 것인가, 무엇을 만들 것인가, 나아가 지금과는 다르거나 새로운 무언가, 즉 'What'을 결정하는 것이 시대적 과제임을 드러내고 있는 것이다.

알기 쉽게 시대적 과제와 그러한 시대적 과제를 해결하기 위한 역량을 간단하게 표현하면 뒤의 표와 같다. 고민의 중심이 '노동'(인풋)에서 '과업'(프로세스)으로, '과업'(프로세스)에서 '일'(성과)로 바뀌어간 모습을 한눈에 알 수 있다.

서양의 시대 흐름	산업혁명 (1750~1850)	생산성혁명 (1850~1950)	경영혁명과 정보혁명 (1950~현재)
한국의 시대 흐름	산업혁명 (1962~1981)	생산성혁명 (1982~2001)	경영혁명과 정보혁명 (2002~현재)
시대적 과제	대량생산 (Mass production)	능률 (Efficiency)	창의력 (Creativity)
지식의 흐름	head to hand 노동(인풋)	head to head 과업(프로세스)	head to heart 일(성과, 아웃풋)
품질	양=질	기능품질	감성품질
혁신의 대상	제품(Product)	프로세스(Process)	사람(People)

위에서 보여주는 지식의 흐름이 어떻게 각 시대적 과제를 해결하는 데 적용되었고, 어떻게 그 시대의 주도적 기업들의 이익을 담보했는지를 과정별로 살펴보자.

대량생산의 실현(head to hand)

서양의 시대 흐름으로 이야기할 필요 없이, 비교적 짧은 기간에 산업화를 훌륭하게 겪어낸 우리 대한민국의 발달사를 통해서도 쉽게 이해할 수 있다.

1962년부터 시작된 '경제개발 5개년 계획' 하에서, 이른바 초기 공업화를 달성하기 위한 교육정책은 기능공 육성에 그 초점이 맞추어져 있었다. 농업국가 조선의 뒤를 이어받은 대한민국의 산업혁명은 바로 이 시기에 양성된 77만 명의 공고생들이 이룩한 결과이기도 했다. 초등학교 의무교육은 읽고 쓸 줄 아는 사람들을 공장으로, 공장으로 공급하기 위한 좋은 수단이었다.

산업화, 공업화 초기사회, 즉 물품의 폭발적인 공급을 가능케 하는 '산업혁명'은 우리도 그랬고, 유럽에서도 그랬고, 미국에서도 그랬듯이 농촌 인구의 도시로의 유입과 싸고 저렴한 노동력, 즉 말귀를 알아듣고 표준화된 매뉴얼을 읽을 수 있을 정도의 학력과 기능을 가진 노동자의 대량육성을 필요로 했다는 점을 알 수 있다. 손을 놀리는 데 필요한 지식이면 충분했던 것이다. 모든 인간의 역량이 손끝으로 향하기를 요구했다(head to hand). 이 시기의 지식은 손을 향해 흘렀고, 인풋을 늘리는 것이 아웃풋을 결정했다.

능률의 추구(head to head)와 매니지먼트의 탄생

삼성 출신의 손욱 교수가 쓴 《삼성, 집요한 혁신의 역사》라는 책의 서문에 다음과 같은 표현이 있다.

"혁신은 가장 앞서가는 방법론을 도입해 성과를 내고 체질화하는 것이다.(중략) 이렇게 함으로써 더 좋고, 더 싸고, 더 빠르게 고객의 가치를 창조하는 경쟁우위를 만들 수 있는 것이다."

물건을 만들기만 하면 돈이 벌리는 시절에 어찌 독야청청이 가능한 이야기인가. 경쟁자들이 시장에 참여하기 시작하면서 기업의 시대적 과제는 대량생산을 함에 있어서 능률(efficiency)을 추구하는 것으로 바뀌었다. 능률이란 손욱 교수가 말한 바와 같이 더 좋고, 더 싸고, 더 빠르게 만드는 것이다. 이것을 해결하기 위한 '방법론'이 필요해진 것이다.

능률 향상을 위한 대한민국 최초의 경영강좌 주제는 '자재관리'였다. 1962년 8월 13일에 개최된 자재관리 세미나의 강사는 육군 군수학교 교관이었다. 초창기 경영의 용어와 방법론들이 군대에서 차용된 것이라는 것은 이렇듯 쉽게 이해할 수 있다. 1976년에는 미국 공군에서 시작된 관리자 교육 프로그램인 MTP(Management Training Program)가 도입되었고, 현장에서의 작업지도와 관리를 위한 감독자 교육 프로그램으로서 TWI(Training Within Industry)가 도입되었다.

1970년대까지만 하더라도 세계 경제는 고도성장을 구가했고 만드는 대로 팔려나가는 시대였기 때문에, 또 강력한 수출 드라이브 정책에 편승한 우리나라 기업들은 성장의 흐름에서 밀려나지 않기 위해 양적인 성장에만 매달렸다. 그러는 와중에 최전성기를 구가하던 미국이 두 번의 석유파동을 겪으면서 일본에 선두자리를 내주는 일이 벌어졌다. 이를 극복하고자 미국 기업들이 개발한 방법론들과 이른바 넘버원으로 등극한 일본 기업들이 구사한 방법론들이 속속 한국에 소개된다.

원가절감을 위한 가치공학(VE, Value Engineering), 제안활동, 종합품질관리(TQC, Total Quality Control), 종합생산성혁신(TPI,

Total Production Innovation), 종합설비관리(TPM, Total Productive Maintenance) 등이 속속 소개되면서 1980년대 후반부터 한국 기업들은 이른바 경영혁신 전성시대를 맞이하게 된다. 이 시기를 관통하면서 한국 기업들은 제품(Product)에 대한 관심을, 제품이 나오는 과정(Process)으로 옮기게 된다. 이 과업을 해결하지 않고는 더 좋은 제품을 더 싸게, 더 빠르게 만들 수 없기 때문이었다. 모든 지식은 경쟁우위 확보를 위한 효율에 집중되었다. 이 시기의 지식은 머리로 흘렀다.

이 시기의 시대적 과제는 자사 제품의 기능과 품질 그리고 가격에 대한 합리성의 확보였다. 같은 제품을 만드는 경쟁자들의 출현으로 선택지가 넓어진 고객은 자신이 납득할 만한 품질과 기능, 그리고 가격을 제시하는 기업에게 지갑을 열었던 것이다. 이른바 머리에서 머리로(head to head), 모든 역량을 고객을 납득시키는 데 모아야 했던 시기이고, 이것은 그들의 물건이 나오는 과정에서의 로스와 불량을 최소화했을 때 비로소 얻을 수 있는 결과물이었다. 1993년 6월 7일, "마누라와 자식 빼고는 다 바꾸라"는 삼성 이건희 회장의 일갈은 이러한 시대적 과제를 명확히 제시하고, 제품을 만드는 프로세스에 있어서 품질을 중시하라는 행동원칙을 제시한 역사적인 사건이었다.

사람의 마음을 움직여야 하는 시대(head to heart)

그리고 마침내 지금, 우리 대한민국은 서구 선진국을 따라잡는 데 어느 정도 성공했다. 그러나 그것은 산업적으로 보았을 때는 이제 2차산업의 주도권을 중국 등 다른 나라에게 넘겨주어야 한다는 것을 의미하는 것이기도 하다. 단순히 시계열적인 흐름만이 아니라 현재의 시점에서만 보아도 우리는 이미 3차산업의 비중이 가장 높은 현실을 살아가고 있다.

이른바 머리에서 가슴으로(head to heart)! 인간의 모든 역량을 사람의 마음을 잡는 데 집중해야 하는 시대, 그리고 사람 그 자신이 혁신의 대상이 되는 시대인 것이다. 이것은 곧 물건(物)이 주도하던 시대가 끝나고 정보(情)가 주도하는 시대, 감성(情)이 주도하는 시대로의 진입을 의미한다. 이는 또한 대한민국 직장인들의 패러다임의 변화를 요구하는 것이기도 하다.

20세기가 물건이 주도하던 시대라면, 21세기는 정보가 주도하는 시대라는 키워드는 기억해둘 필요가 있다. 제품이나 서비스는 이제 그 자체로 목적이 아니라 고객창출, 고객가치창출을 위한 수단이다. 그런 의미에서 피터 드러커가 기업의 목적은 '고객의 창출'에 있다고 한 것은 탁월한 선견지명이라고 할 수 있다. 전혀 관련이 없는 산업들 간의 융합은 결국 고객의 마음을 잡으려는 시도에서 비롯되었다고 보아도 틀린 말이 아닐 것이다. 무슨 일을 했든, '고객의 마음으로부터 승인'을 받지 못한다면, 즉 해당기업의 목적을 달성함으로써 얻어지는 매출이나 이익이라는 성과가 없다면, 그것은 '일'이 아닌 것이 된다. 팔리지 않는 물건이나 서비스는 존재가치를 인정받지 못한 것이 되는 것이다.

Chapter 3

토요티즘, 일에 대한 새로운 통찰

결국 우리의 과거는 물과 정보의 관계, 혹은 물과 정보의 우위가 어떻게 변해왔는가를 보여준다. 이것은 당신이 어떤 산업, 어떤 업종에 종사하고 있다 하더라도 하나의 기본적인 원리로서 당신의 일을 설명할 수 있다는 것을 의미한다.

다음 그림을 보자. 토요타생산방식의 저명한 연구가인 동경대학교 경제학부 후지모토 다카히로 교수의 《생산매니지먼트 입문(生産マネジメント入門)》에 나오는 그림이다.

생산매니지먼트의 핵심, 즉 일본어로 모노즈쿠리(ものづくり, 장인정신으로 물건 만들기)의 핵심은 '제품개발(설계)에서부터 구매, 생산, 판매에 이르는 설계정보의 좋은 흐름을 만드는 것'이라고 설명하고 있다. 후지모토 교수는 제조업을 설명하기 위해 '설계정보'

그림1. 생산매니지먼트 시스템의 구조

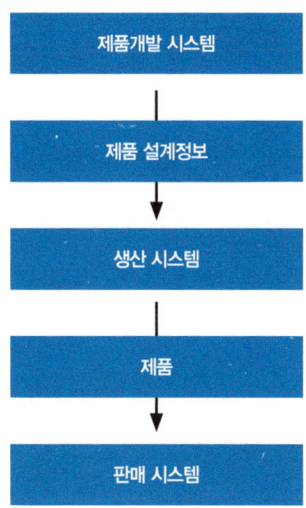

라는 개념을 사용했지만, 여기서는 그 범위를 확장시켜 모든 산업에 적용되는 개념으로써 '이상(Ideal)정보'라는 용어를 사용하고자 한다. '제품이나 서비스가 달성하고자 하는 가장 이상적인 상태를 담고 있는 정보'라는 의미에서 이상정보라는 단어를 선택했다.

모든 산업은 이상정보의 창출과 전사 과정이다

이상(Ideal)정보란 구체적으로는 조사, 기획, 개발, 설계 등의 프로세스를 통해 창출되는 성과물이다. 예를 들어 컴퓨터나 자동차와 같은 조립산업의 제품이라면 말 그대로 연구개발이나 기술개발의 성과, 외관이나 내장 디자인과 같은 상품의 매력이나 가치를 형성하는 요소가 포함된다. 그것이 기준정보가 되어 생산준비 부문이나 전세계의 공장으로 전달되는 것이다. 또한 철강이나 유리, 화학제품과 같은 프로세스산업이나 소재산업에 있어서는 제조공정을 기술하는 정보가 이상정보가 된다. 서비스업이라면, 예를 들어 맥도널드의 가치와 매뉴얼 등 그들의 업을 통해서 가장 바람직한 모습으로 생각하는 것과 그것을 실현하기 위한 지식단위, 정보단위를 이상정보라고 할 수 있다.

쉽게 말하자면 요리를 할 때의 레시피로 이해하면 좋을 것이다. 즉, 요구되는 품질의 제품과 서비스를 창출하는 데 필요하면서도 충분한 가공지식과 정보가 바로 이상정보다.

이러한 이상정보는 크게 두 가지 과정을 수반하게 된다. 하나는 그 정보를 만드는, 즉 창출(創出)의 과정이고, 다른 하나는 정보를 그대로 옮겨 베끼는, 즉 전사(轉寫)의 과정이다.

먼저 신사업개발이든, 제품개발이든, 일의 상류에서 실제로 수행하는 것은 '이상(Ideal)정보의 창출'이라고 할 수 있다. 반면, 우리는 어떠한 새로운 기술이 개발되었다는 소식을 뉴스를 통해 접해도 그 제품을 바로 가질 수는 없다. 양산기술이 확보되어야 비로소 대량생산되어 세상에 공급이 되기 때문이다. 그렇다면 제조, 생산이란 결국 이러한 '이상(Ideal)정보를 전사'하여 복제품을 만드는 것을 말한다. 전사(轉寫)란 글이나 그림을 그대로 옮겨 베끼는 것을 말하는데, 재현성과 반복성을 확보해야 하는 제조과정은 말 그대로 이상정보를 재현하고, 그것을 반복하는 전사의 과정인 것이다. 그리고 이러한 전사가 얼마만큼 제대로 이상정보를 구현하고 있는가를 우리는 다른 말로 '품질'이라고 한다. 품질검사는 바로 이러한 재현성과 반복성에 대한 측정에 다름 아니다.

산업혁명 초기의 시대적 과제는 '대량생산' 그 자체였다. 이상정보 그대로의 제품을 재현하고, 반복하는 것에 성공한 기업들이 초기 산업혁명 시절의 꿀을 먹을 수 있었다. 산업을 대표하는 업종은 제조업이었고, 이러한 전사의 과정을 훌륭하게 수행한 기업과 국가가 성장의 나팔을 불 수 있었다. 우리가 익히 알고 있는 바와 같이 양산기술의 확보와 이를 통한 경제적 성장의 주도권은 산업혁명의 본고장인 유럽을 지나 미국을 거쳐 일본에게로 넘어간 다음, 이제 한국과 중국을 포함한 아시아권이 그 과실을 구가하고 있다. '전사' 능력의 중심이 이제는 아시아에 있는 것이다.

그러나 가만히 들여다보면 지금은 한국, 중국을 비롯한 신흥국에 성장의 깃발을 넘겨준 국가들, 이른바 유럽과 미국 등 선진국의 산업이 그대로 도태되기만 하였는가를 생각해보면 꼭 그렇지만은 않다. 제조업의 우위를 넘겨준 선진국들은 3차산업을 기반으로 글로벌화, 디지털화, 정보화라는 시공간을 무대로 엄청난 가치와 부가가치를 창출하고 있는 것 또한 사실이다. 여전히 그들은 우리보다 앞에 있다.

그렇게 보면 아무리 글로벌화가 진행되고 지구가 평평하다고 하더라도, 아직 세계는 그다지 획일적인 모습이 아니다. 많은 국가들은 여전히 1차산업의 비중이 가장 높고, 2차산업이 국가경제의 중심인 나라들도 있고, 선진국과 같이 3차산업의 비중이 압도적으로 높은 곳도 있다. 이러한 발전 단계에 따라 어떠한 전략과 전술을 취해야 하는가에 대한 시나리오와 경우의 수가 너무도 많아서 우리는 이제는 복잡계라는 말로 그 번잡함을 대신하고 있는지도 모른다.

그러나 이 모든 산업을 관통하는 하나의 기본원리가 있다면, 그리고 그것을 이해한다면 이른바 우리는 '세상물정'을 알게 되는 것이 아닐까!

그 하나의 기본원리는 바로 이것이다.

'세상의 모든 산업은 이상정보의 창조와 그 전사 과정이다.'

1차산업은 그야말로 농작물이 가진 유전자 정보를 잘 전사하여 동일한 결실과 씨앗을 얻는 과정이다. 2차산업은 가공된 지식으로서의 설계도면, 즉 이상정보를 매체(소재, 재료)를 통해 전사하는 과정이다. 3차산업 역시 마찬가지다. 우리가 맥도널드와 디즈니랜드와 리츠칼튼 호텔과 같은 기업의 성장을 목도할 수 있는 이유는 바로 그들의 이상정보(미션, 비전, 그리고 서비스 전반을 아우르는 매뉴얼)를 일선의 직원들(매체)이, 비록 그들이 아르바이트나 계약직과 같은 비정규직이라 할지라도, 전세계 어느 매장에서나 동일한 서비스로 아주 훌륭하게 재현하고 반복하여 전사하고 있기 때문이다. 1차산업은 자연에서 주어진 그대로의 유전자 정보를 재현하는 것이라면, 2차산업은 인간의 상상이나 필요에 의해 구상된 이상정보를 인위적으로 재현하는 것이다. 그리고 3차산업은 바로 그 인간의 구상을 다른 대상이나 재료가 아닌 인간 스스로를 통해 구현하고 전사한다는 측면으로 이해할 수 있다.

이렇게 모든 산업은 이상정보의 창출과 그 전사 과정이라 할 수 있다. 그 이상정보의 창출과 전사의 결과를 우리는 품질이라고 부른다. 농작물의 품질이나 제품의 품질뿐만 아니라 인간이 제공하는 서비스 또한 제공하고자 하는 구상과 그 전사 활동이 얼마만큼 구매자의 니즈를 충족시켰는가가 바로 품질이다.

모든 일하는 인간들은 이상정보를 창출하거나, 그 창출된 이상정보를 전사하는 프로세스 속에서 그들의 하루를 보낸다고 이해해 보자. 그러면 우리는 산업혁명 이후 230년의 시간이라는 수직적 흐름과 여전히 빈부격차와 산업간 불균형이 나타나는 공간이라는 수평적 양상 속에서, 자칫 복잡하게만 보이는 지구촌이 오늘을 이해할 수 있을지도 모른다.

일을 바라보는 관점에서 나타난 포디즘과 토요티즘의 차이

모든 산업에서 활약하는 기업 활동은 이상정보의 창출, 혹은 전사라는 과업을 통해 고객을 만족시키는 결과를 낳는 과정으로 요약할 수 있다. 이러한 관점에서 나는 토요타가, 인풋 요소로서의 '노동'이 프로세스인 '과정'을 통해 가장 많은 가치와 부가가치를 낳는 '일'이 될 수 있도록 부가가치 없는 일을 제거해야 한다는 것에 가장 먼저 눈을 뜨고, 그에 대한 가장 많은 경험치와 노하우를 가지고 있는 기업이라는 측면을 설명할 것이다. 바로 그런 의미에서 토요티즘의 중요성을 강조하고자 하는 것이다.

결국 일이란, 성과를 낼 수 있도록 노동과 과업을 매니지먼트하는 것이다. 바로 이런 관점에서 포디즘이나 토요티즘은 모든 업종을 불문하고 어떤 일에나 적용 가능한 '일반론'의 지위를 얻을 수 있는 것이다. 왜냐하면 그 둘은 모두 '일을 바라보는 관점과 방식'에 대해 이야기하고 있기 때문이다. 포디즘과 토요티즘의 일에 대한 패러다임을 비교해서 나타내면 〔그림2〕와 같다.

포디즘은 피라미드형 조직의 최상층에 경영자가 있다. 그리고 가장 아래에 공급한 재화와 용역을 소비하는 소비자가 있다는 개념이다. 소비자라는 말은 고객과 달리 대단히 소극적이고 수동적인 개념이기도 하다. 흔히들 말하는 것처럼 피라미드 구조는 가

그림2. 포디즘과 토요티즘의 일에 대한 패러다임의 차이

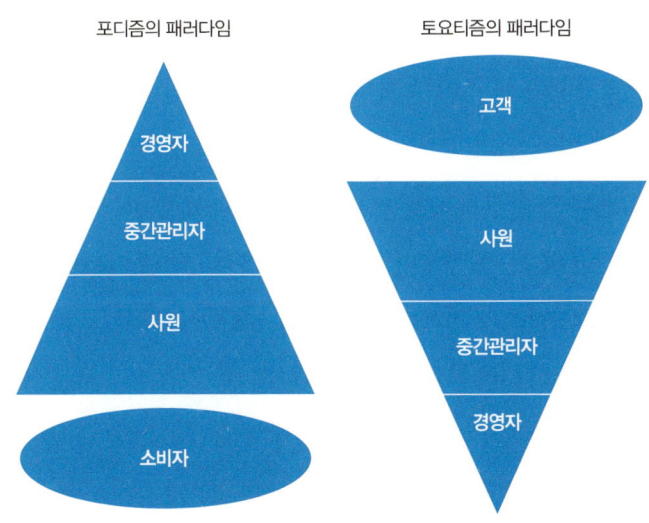

장 안정적인 구조이다. 그럼에도 불구하고 경영자가 불안을 느끼는 것은 사실 불안이 아니라 불신이다. 그래서 경기가 안 좋아지거나, 실적이 안 좋을 때는 실적부진자와 실적부진 조직에 대해 구조조정을 가하는 것이다. 이른바 '조직을 혁신'하는 것이다. 경영자와 경영층의 의도에 대한 반성이 아니라, 그들의 뜻을 제대로 수행하지 못하는 관리자와 하위직원을 탓하는 패러다임이 숨어 있다.

반면 토요티즘은 활동의 원점을 고객에 두는 관점이다. 그림에서 보는 것처럼, 지금은 직원들이 잘 해주고 있어서 조직이 무너지거나 넘어지지 않고 있지만, 늘 불안한 모습의 역피라미드 구조가 경영자를 불안하게 한다. 그것은 구성원에 대한 불신과는 다른 것이다. 언제든지 위에서 칼이 떨어질지 모른다는 이런 모습의 불안이야말로, "왕관을 쓰려는 자, 그 무게를 견뎌라"라는 격언의 뜻을 이해할 수 있게 한다. 그런 불안을 없애기 위해, 고객의 니즈를 파악하여 올바른 이상정보를 설계하고 전사하고자 하는 전위적인 직원들을 발굴하고, 육성하며, 그들이 자신의 능력을 최대한으로 발휘할 수 있는 기회와 장을 마련하려는 시도를 시작할 수 있다. 이른바 '혁신을 조직'하는 것이다.

그래서 토요티즘의 패러다임을 이해하는 것은 바로 지금 시대의 시대적 과제를 이해한다는 것과 같은 의미를 가진다. 이상정보 설계의 원점이 고객의 니즈에 합치했을 때, 기업과 조직은 큰 성과를 얻을 수 있다.

이상정보의 전사보다 창출이 더 큰 이익이 된다

기업 활동은 곧 '이상정보를 창출하고 그것을 전사하는 과정'이라고 한 바 있다. 이를 조금 풀어서 생각해보면 기업 활동은 크게 나누어 '이상정보를 만드는 과정'과 '이상정보를 그대로 옮기는 과정'으로 볼 수 있다.

그런데, 이 가운데 이상정보를 만드는 과정이 훨씬 많은 이익을 창출한다는 것은 이제 상식에 해당한다. 선진국일수록, 그리고 한 기업 안에서도 이상정보를 만드는 일을 하는 사람일수록 그 이익과 소득이 높다.

아주 쉬운 예를 하나 들어보겠다. 다음의 사진을 보자.

아이폰을 비롯한 애플의 여러 제품에는 [그림3]과 같이 문구가 새겨져 있다.

"Designed by Apple in California Assembled in China"

이 말의 의미는 기획, 설계, 개발의 성과물인 이상정보라는 본질적인 가치를 만드는 곳은 캘리포니아의 애플 본사이고, 조립은 중

그림3. 애플 아이폰의 뒷면에 새겨진 문구

국에서 이루어졌다는 것이다. 즉, 이상정보의 창출에는 애플 직원들의 노동이, 이상정보의 전사에는 폭스콘과 같은 중국 회사 직원들의 노동이 투입되었다는 것을 의미한다. 이익의 대부분이 애플로 흘러 들어간다는 것 또한 우리 모두 아는 사실이다. 이익의 대부분은 '이상정보를 창출'하는 프로세스에서 발생하지 '이상정보를 전사'하는 프로세스에서 발생하는 것이 아니라는 뜻이다. 이를 다른 말로 표현하자면, 무에서 유를 창조하는 가치(이상정보의 창출)가 유에서 유를 창조하는 부가가치(이상정보의 전사)보다 이익이 높다는 말이기도 하다. 소비자들은 일견 제품(物)을 사는 것처럼 보이지만 실제로는 이상정보(情)를 사고 있는 것이다. 최근에 주목 받고 있는 3D프린터의 출현은 그야말로 앞으로 우리가 물건을 구입하는 데 돈을 지불하는 것이 아니라, 그 물건의 설계도면을 사는 데 돈을 지불하게 될 것이라는 것을 극명하게 잘 보여주고 있다.

이러한 경향은 제조업뿐만 아니라 서비스업에서도 그대로 적용될 수 있다. 디즈니나 스타벅스와 같은 기업들의 경쟁 원천은 바로 그들의 정보자산, 즉 이상정보다. 글로벌비지니스컨설팅의 고문이자, 일본에서 100만 부가 팔린《디즈니 시리즈》의 저자인 가마타 히로시(鎌田 洋) 선생의 말에 의하면, 디즈니의 종업원들은 언제 어디서나 같은 서비스를 제공할 수 있도록 교육받는다고 한다. 그뿐 아니라 디즈니의 오리지널 상품들은 인형 하나라도 그 치수와 소재가 모두 통일되어 있다고 한다. 왜냐하면 제멋대로의 서비스나 제멋대로 디자인된 인형은 디즈니의 가치관을 무너뜨리기 때문이다. 찾아오는 모든 이들에게 행복을 제공한다는 그들의 사명(使命) 실현에 저해되지 않도록 제품에서 종업원에 이르기까지 엄격하게 표준을 정해 관리한다는 말이다. 꿈과 환상의 디즈니랜드의 표준화된 이상정보(미션, 비전, 행동원칙, 매뉴얼 등)는 그들의 종업원과 제품을 통해 전사되고 있는 것이다.

전세계 어디에나 있는 맥도널드와 스타벅스 매장에서 우리는 동일한 체험을 기대할 수 있고, 실제로 그러한 서비스를 체험한다. 광저우 짝퉁시장에서 2만 원에 구입할 수 있는 가짜 루이비통 가방은 오리지널 브랜드가 가지고 있는 이상정보(브랜드, 사상)를 올바른 방식으로 전사한 것이 아니기 때문에 싸다. 그러나 중국 공장에서 생산된 오리지널 루이비통 가방은 그 소재와 바느질만으로는 얻을 수 없는 높은 수준의 사회적 지위(Status)감을 제공하고, 자신들 또한 높은 수익을 창출한다. 이들 매장이 어디에 있든, 어느 나라에서 팔리든 대부분의 수익이 이상정보를 가지고 있는 본사로 들어간다는 것은 자명하다. 그리고 우리가 알고 있듯이 그런 기업의 본사는 대개 선진국에 존재한다. 선진국 국민들이 어떠한 노동을 해야 하는가에 대한 좋은 답이 될 것이다.

위에서 본 바와 같이, 제조업이든 서비스업이든 가장 큰 자산은 이상정보라는 정보자산임에 틀림이 없다. 그리고 이러한 이상정보의 가치란, 연구개발의 성과나 디자이너의 디자인, 십적회로의 실계와 같은 지적 활동의 성과로 얻어지는 것이다. 우리가 물건 중심의 시대를 거쳐 오면서 물건 자체를 만드는 생산기술과, 얼마나 효율적으로 생산할 것인가와 관련된 제조기술을 고도화시킨 덕분에 이제는 이상정보의 전사만으로는 충분하지 않다는 것을 시장이 보여주고 있는 것이다. 내가 제조업에 근무하는 사람들이 주목해야 할 것으로서의 '토요티즘'이 아니라, 오히려 사무간접 부문과 개발 부문과 같은 지원조직이나 이상정보의 창출 프로세스에서 일하는 이들도 꼭 염두해야 할 사상과 방법론으로서의 '토요티즘'을 설명하기 위해 애쓰는 것은 바로 이 때문이다.

일을 바라보는 새로운 관점, 인풋 중심에서 아웃풋 중심으로

사람의 노동이 과업을 통해 결과를 창출하는 것을 '일'이라고 했다. 즉 결과를 내지 못하는 노동이나 과업은 아무런 의미가 없다는 말이다. 회사에 출근했거나 주어진 프로세스를 따랐다는 것만으로 자신의 '일'을 다했다고 생각해서는 안 된다. 그래서이기도 하겠지만, 일을 잘 하는 방법에 대한 논의나 서적이 넘쳐나고 있는 것도 사실이다. 그러나 결과를 내는 '일'을 하기 위해서는 결국 그 일이 무엇인가를 이해하는 것이 선행되어야 할 것이다.

인간이 하는 모든 일은 이상정보의 창출과 그 전사이다. 모든 산업이 이상정보의 창출과 그 전사라고 한 것과 마찬가지로 모든 인간의 노동은 이상정보를 창출하는 노동(창조형 노동)과 이상정보를 매체 및 서비스에 전사하는 노동(전사형 노동)으로 환원할 수 있다. 일을 잘 하고자 한다면 자신이 어떤 노동을 하고 있는가에 대한 인식이 선행되어야 하는 것이다. 창조형 노동을 담당한 사람이 전사형 노동의 방법론을 열심히 실행한다든가, 전사형 노동을 담당한 사람이 죽어라고 창조형 노동의 방법론을 실천한다고 해도 그 결과가 좋을 수는 없는 법이다.

결국 우리는, 당신과 나는, 둘 중의 하나를 담당하는 사람이다. 창조형 노동을 담당하든지, 아니면 전사형 노동을 담당하는 것이다. 이 각각의 노동 형태에 따른 효율적인 방법론을 인식하고 이를 통해 자신의 '노동'을 수행하는 '과업' 속에서 성과를 내는 '일'로 바꾸자는 것이다.

인풋을 투입하여 프로세스를 거쳐 아웃풋이 나오는 과정과 그에 필요한 역량을 보면 다음과 같다.

	Input	Process	Output
개념의 구분	노동	과업	일
필요 역량	태도(Attitude)	기술(Skill)	지식(Knowledge)

앞의 표를 살펴보면, 기술, 즉 스킬은 그 일을 할 수 있게 해주는 능력이다. 운전기사가 되려면 운전면허를 따야 하듯, 지식은 그 일을 더 잘 할 수 있게 해준다. 즉 경험과 결합된 지식은 남다른 결과, 궁극적으로 더 나은 아웃풋을 가져다줄 수 있다. 태도는 일을 더 잘 하기 위해 필요한 보다 근원적인 것으로, 그 일을 탁월하게도 할 수 있고, 허드렛일로도 만들 수 있다. "아는 자는 좋아하는 자만 못하고, 좋아하는 자는 즐기는 자만 못하다(知之者 不如好之者, 好之者 不如樂之者)"는 춘추시대 공자의 지혜는 현재에도, 그리고 향후에도 유효하다. 일은 인간에게 있어 목적이기도 하고 수단이기도 하다. 그것이 어떻게 정의되는가는 그 일을 하는 사람의 태도에 달려 있는 것이다.

중국의 한 업체에 강의를 하러 간 적이 있었다. 심천 공항에 기사가 나와서 나를 맞아주었다. 통역을 맡은 조선족 직원에 대해 사전 교육을 마치고 다시 호텔로 향했을 때는 저녁 8시가 넘은 늦은 시간이었다. 기사는 한시라도 빨리 나를 호텔로 데려다주기 위해 노력하는 듯 보였고, 올 때보다 빠른 속도로 달려주었다. 비교적 차가 조용하다는 느낌이 들어 기사에게 차종에 대해 물어보았고, 우리의 대화는 그렇게 시작되었다.

그는 내 질문에 대한 짧은 답변에 이어 중국의 자동차 메이커와 모델, 일본, 한국, 독일, 미국, 프랑스 등의 자동차 메이커와 모델을 줄줄이 외웠다. 내가 놀라워하며 "당신 참 똑똑하다"고 했더니 아니라고 손을 내저으면서도 다시 자동차에 대한 이야기를 한참 했다. 깊은 인상에 다시 한번 당신 참 똑똑한 것 같다고 했더니 또 다시 손을 내젓는 것이었다. 그래서 당신 참 차를 좋아하는 것 같다고 했더니 그제야 그렇다고 인정했다. 그러면서 차를 좋아하는데 돈이 없으니 이렇게 회사에서 기사로 일하면서 차를 운전하는 것이 너무나 즐겁고, 거리에서 이 세상의 많고도 많은 차들을 다 볼 수 있어서 너무나 행복하다고 했다. 그런 면에서는 자신의 회사를 방문하는 손님의 존재야말로 자신이 운전할 수 있도록 해주는 분들이기 때문에 진심을 다해서 모시고 있다고 했다. 그날로부터 4일 동안 난 그의 친절과 미소 뒤에 든든하게 서 있는 그의 '과업'과 '태도'의 합치가 이루어낸 '일'의 힘을 보았다. 한 기업에 소속되어 손님을 상대해야 하는 기사에게 있어 진정한 일은, 그 회사를 방문한 사람이 해당 기업에 대해 좋은 인상을 가질 수 있도록 하는 것이다. 인풋에 해당하는 운전이 곧바로 일이라고 생각하는 사람은 이런 결과를 가져올 수 없다. 내가 하는 과업을 통해서 얻어야 할 아웃풋에 대한 정의가 제대로 되어 있는 사람만이 '일'을 할 수 있는 것이다.

Chapter 4
창조적 노동과 전사적 노동, 가치 업무와 부가가치 업무의 이해

-
-
-

토요타방식에서 나타나는 가치 업무와 부가가치 업무의 극대화

1차산업과 2차산업의 최종 결과물인 제품은 다음과 같이 표현할 수 있다.

제품 = 이상정보+매체(소재)

3차산업의 최종 결과물인 서비스는 다음과 같이 표현할 수 있다.

서비스 = 이상정보+매체(사람)

그림4. 이상정보의 창조와 전사의 과정(동경대 후지모토 교수 자료 참조)

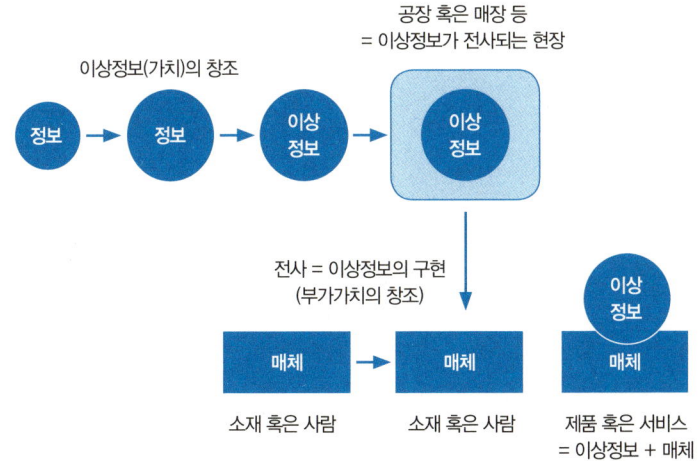

즉, 도면을 바탕으로 그와 똑같은 물건을 소재에 투영하여 재현하고 반복하는 과정이 제조업이라면, 핵심가치나 매뉴얼을 바탕으로 사람에게 투영하여 언제 어디서나 동일하게 재현하고 반복하는 과정이 서비스업이라고 할 수 있는 것이다.

[그림4]를 보자.

맨 좌측 가장 작은 원은 정보를 말한다. 누군가의 혹은 팀이나 조직의 작은 아이디어가 점점 다듬어지고 구체화되면서 비즈니스모델이나 제품 콘셉트와 같은 가치(무에서 유를 창조하는 것)가 만들어진다. 그렇게 만들어진 이상정보는 공장이나 매장 등 가치를 실제로 실현하기 위한 유형, 무형의 장(場)으로 넘겨진다. 그러면 그곳에서 소재와 사람이, 이상정보의 실현을 위한 매체가 되어 그것을 전사하는 노동을 투입함으로써 각 과정에서 부가가치(유에서 유를 창조하는 것)를 실현하게 된다. 최종적으로 이렇게 완성된 결과물을 우리는 제품 혹은 서비스라고 하고, 이것이 고객의 니즈에 잘 부합하는 품질의 결과를 냈을 때에만 우리는 '일'을 했다고 할 수 있는 것이다.

여기서 우리는 이상정보를 만드는 노동, 즉 가치를 만드는 노동과 전사를 하는 노동 즉, 부가가치를 만드는 노동 가운데 하나를 맡게 된다. 가치를 만드는 노동과 부가가치를 만드는 노동을 각자의 조직이 부과한 과업 혹은 업무의 프로세스에 따라 수행하는 것이다. 결국 '일'을 잘 한다는 것은 이상정보를 창조 혹은 전사하고 있는 시간이 차지하는 비율을 최대화함과 동시에, 이상정보의 창조나 전사가 이루어지지 않고 있는 시간이나 과업을 최소화한다는 의미이다.

여기서 떠오르는 기업이 하나 있지 않은가? 그렇다. 바로 토요타 자동차이다. 토요타방식을 다른 말로 하면 '철저한 낭비(비가치 업무, 비부가가치 업무) 배제의 추진 방법' 이외에 다른 것이 아니기 때문이다.

토요타방식을 도입하거나 배운다고 했던 한국 제조기업들 태반이 실패한 이유는 이 본질을 제대로 이해하지 못하고 있기 때문이다. 2009년 토요타 리콜 사태가 이어지고 토요타방식에 대한 관심이 급격하게 식은 이후에 한국의 제조기업들이 교토식 경영(카리스마 오너 경영, 최고의 특화 기술, 반골정신이라는 3가지 특징을 가진, 일본 교토 지역을 중심으로 한 기업들의 독창적 경영 방식)이라는 이름으로 교토 기업들을 벤치마킹하고, 이어서 모노즈쿠리 정신을 배우자거나, 뿌리산업의 첨단가공기술을 배우자는 협소한 의미로 접근하고 있는 것은 그 나름의 이유는 있을 것이다. 그러나 위기를 극복하고 최고의 성과를 내고 있는 최근 토요타자동차의 성공에 대해서는 분명 눈여겨볼 필요성이 있으며, 그것의 근원은 토요티즘의 핵심을 이해하는 것이라고 생각한다.

생각해보자. 바로 그 장인정신과 첨단가공기술의 제조왕국 일본이 왜 무너지고 있는가! 장인정신이나 첨단기술이 부족해서가 아니라는 것은 일본 스스로가 증명하고 있다. 토요타를 비롯해 구글, 아마존, 알리바바, 자라와 유니클로에 이르기까지 업종을 불문하고, 강한 기업, 승리하는 기업들이 보여주는 퍼포먼스는 그들의 노동이나 과업 가운데 '일'이 아닌 것을 제거했기 때문이다. 즉 가치와 부가가치 창출을 제약하는 비가치 업무와 비부가가치 업무를 발견하고, 이를 효과적으로 제거한 결과인 것이다. 그들은 철저하게 자신들의 사고와 행동의 초점을, 비즈니스가 제공해야 할 가치와 부가가치에 맞추었던 것이다. 그것을 선택과 집중이라는 전략 용어로 설명해도 좋고, 그들의 기업문화의 차이로 보아도 된다. 다만 본질적인 것은, 사회에 공헌할 수 있는 '좋은 이상정보를 구상'

하고, 그것을 고객이나 시장에 전달하는 '이상정보의 좋은 흐름'을 만드는 기업이나 조직, 그리고 그러한 사람이 강한 조직이고, 강한 인재가 된다는 것이다.

토요타방식에서 '흐름생산을 하라', '흐름을 만들라'고 그렇게 노래를 부르는 것은, 바로 이 이상정보의 창조와 전사의 과정, 즉 개발 – 설계 – 구매 – 생산 – 판매에 이르는 전과정에서 가장 좋은 흐름, 즉 비가치 업무나 비부가가치 업무가 최소화된 프로세스를 구축해야 한다는 것이다.

우리와 업종이 다르다거나 우리는 제조업이 아니라 서비스업이다라는 이런 저런 이유로 도외시한 토요타방식의 이 '일' 말고, 우리가 하는 '일'이란 도대체 무엇인가에 대해 생각해볼 필요가 있다. 이것의 차이를 제대로 깨달은 기업들이 아마존이고, 구글이고, 삼성인 것이다.

다시 한 번 말하지만, 포드자동차와 포디즘은 동일시할 필요가 없듯이, 토요타자동차와 토요티즘은 동일시할 필요가 없다. 그러나 지난 100년간의 대량생산이라는 시대적 과제에 가장 먼저 눈 뜨고, 가장 먼저 그 솔루션을 찾은 것이 포드자동차이기 때문에 그들의 이름이 역사에 남았다. 마찬가지로 21세기 공급과잉의 시대에 시대적 과제가 바뀌었다는 것에 가장 먼저 눈 뜨고 가장 먼저 그 솔루션을 찾은 것이 토요타자동차이기 때문에 우리는 그들을 들여다보고 그들을 기억할 필요가 있는 것이다. 더구나 그 시기가 바로 우리가 살고 있는 지금이기 때문에.

 돌이켜보면, 지금 잘 나가고 있기 때문에 무언가 있을 것이라는 값싼 기대가 낳은 책이 짐 콜린스(Jim Collins)의 《좋은 기업을 넘어, 위대한 기업으로(Good to Great)》이고, 그 기대의 대가가 《위대한 기업은 다 어디로 갔을까(How the Mighty Fall)》이다. 명멸하는 별을 보지 말고, 그 너머의 원리를 보아야 하는 이유가 여기에 있다. 손가락을 보지 말고, 달을 보아야 하는 이유가 여기에 있다. 고로 이 책에서 주로 인용되는 토요타는 실제로 존재하는 일본 나고야의 토요타자동차라기보다는, 우리 시대의 시대적 과제를 정의하고, 그에 대한 해결책을 찾아가는 선구자의 대명사에 불과하다고 생각해주었으면 좋겠다. 그 조직 혹은 그 사람들도 마찬가지이다.

고객으로부터 시작되는 정보의 우위를 최초로 인정한 토요타

그런 의미에서 보면 2차산업이든 3차산업이든 모든 비즈니스는 자신들의 비즈니스모델 혹은 설계를 이상정보로서 창조하고, 이를 소재나 사람과 같은 매체를 통해 전사하고 이를 고객이나 시장에 전달한다는 점에서 콘텐츠 산업이라고 볼 수 있다.

 그러면 이러한 과정에서 지난 세기 대량생산을 요하던 공급부족

그림5. 포디즘 시대의 정보와 제품의 흐름

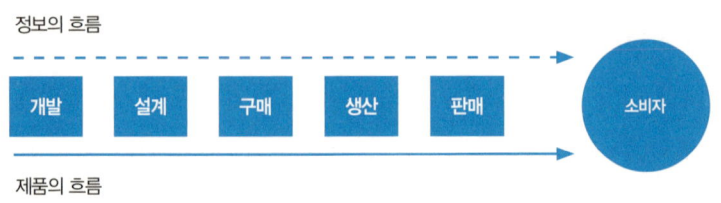

의 시대와 지금의 공급과잉 시대는 무엇이 다른 것일까? 주로 물건을 통해 소비자 혹은 고객과의 접점을 만들었던 2차산업이 중심이 된 지난 세기의 물건(제품)의 흐름과 정보의 흐름은 [그림5]와 같다.

대량생산 시대를 공급자 중심의 시대라고 하는 것은 바로 이런 모습이기 때문이다. 물건이 부족한 시절에는 공급자가 주는 정보와 제품이라도 충분히 비즈니스가 성립되었다. 사실상 정보는 그다지 의미가 없고, 주로 제품 관점만으로도 충분히 돈을 벌 수 있었다. 사업이란 만든 것을 파는 것이었다. 그리고 실제로 만들면 팔렸다. 생산되는 물건이 곧 가치였고, 부가가치였던 것이다. 공급자의 생각이 제품이 되어 소비자에게 흘러가는 형태이므로 정보의 흐름과 제품의 흐름의 방향이 같다.

그렇다면 공급과잉의 시대인 오늘날의 물건과 정보의 흐름은 어떤 식이겠는가?([그림6]참고)

당연한 말이지만 공급과잉은 곧 첨예한 경쟁 환경을 의미한다.

그림6. 토요티즘 시대의 정보와 제품의 흐름

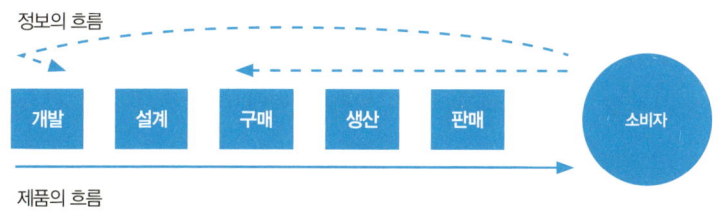

소비자의 선택지가 넓어진 상태라 우리가 만든 물건이 곧바로 팔린다는 것을 누구도 장담하지 못하는 시대가 되었다. 시장조사를 하든 안 하든 그것이 중요한 것이 아니라, 어쨌든 고객의 니즈를 파악하기 위한 정보의 흐름은 시장에서 개발 쪽으로 흘러야 한다. 아무리 직관과 통찰을 강조하는 시대라 할지라도, 일찍이 칸트가 말했듯이 "내용 없는 사고는 공허하며, 개념 없는 직관은 맹목"이기 때문이다. 고객의 소리, 즉 VOC가 개발의 원점이 되어야 한다. 물론 반론이 있을 수 있다. 지난 시대의 대표기업인 포드의 창업자 헨리 포드는 "소비자들에게 무엇을 원하냐고 물었다면 아마 그들은 '더 빠른 말'이라고 했을 것"이라며 시장조사의 무의미함을 말한 바 있다. 워크맨을 만든 소니의 모리타 아키오(成田昭夫) 회상 역시 그런 논리로 워크맨 프로젝트를 밀어붙여 성공시킨 바 있다. 최근에는 애플의 스티브 잡스(Steve Jobs) 역시 소비자는 아무 것도 알지 못한다며 "그레이엄 벨(Graham Bell)이 전화를 만들었을 때 시장조사를 했는가? 나는 혁신을 원할 뿐이다"라고 말한 바 있다. 그러나 포드와 소니와 애플이 승승장구했을 때는 그들이 일시적으로나마 '온리원(only one)'이었기 때문이다. 경쟁자가 나타나면서 포드와 소니는 쓰러졌고, 애플도 계속 이런 식이라면 반드시 쓰러진다. 삼성에 대해 너무 많은 제품 라인업을 가지고 있다며, 소비자에게 하나의 모델만을 강요하던 그들도 전략을 수정해서 삼성 따라하기의 길을 걷고 있다.

'특수의 보편화'를 직업으로 삼는 컨설턴트 입장에서는 독자에게 이 길을 권하고 싶지 않다. 탁월함을 추구하라는 의미에서의 온리원은 충분한 가치가 있지만, 전체적으로 만약 누군가가 온리원의 제품과 서비스로 독점적 이익을 누리는 상황이 언제까지나 계속되는 것이 바람직하다고는 생각하지 않는다. 그런 탐욕이 월스트리트를 무너뜨렸다. 지속가능하지 않다. 그런 의미에서도 개발의 원점은 시장이어야 하고, 시장경제는 다양한 주자들간 '선의의 경쟁'에 기반해야 한다.

다른 한편으로 현재 생산중인 제품에 대해서는 고객의 판매정보가 바로 생산이나 구매로 전달되는 흐름이 되어야 한다. 즉 만든 것을 파는 것이 아니라, 팔리는 것을 만들어야 한다는 말이다. 식당이나 패스트푸드점의 생명은 미리 대비해서 만들어놓는 것이 아니라, 주문 받은 것을 얼마나 빨리 만들어내느냐에 달려 있다는 것은 이제 상식도 아니게 되었듯이 말이다.

위에서 보았듯이 개발에서 시작하여 생산, 판매를 거쳐 소비자에 이르는 물건의 흐름이 우위를 갖는 시대는 이제 저물고 있다. 우리가 현재 살고 있는 시대는 고객으로부터 시작되는 정보가 우위를 갖는 시대라는 인식이 중요하다. 그런 면에서 토요타는 최초로 '정보(情)'의 우위를 인정한 기업이기도 하다. 그래서 그들은 푸시 방식(Push, 계획에 의한 밀어내기 방식)이 아니라 풀 방식(Pull, 정보의 흐름에 따라 제품을 생산하는 수주생산 방식)을 도입한 것이다. 1953년의 일이었으니, 빠르기도 한참 빨랐다.

Chapter 5
매니지먼트, 관리와 경영의 이해

이상정보를 통해 본 기업의 생존부등식

앞에서 살펴본 이상정보의 창출과 이상정보의 전사, 그리고 투입되는 매체(인간의 노동 혹은 소재)비용과의 관계는, 이익이라는 관점에서 보면 다음과 같다.

이상정보의 창출(가치) 〉 이상정보의 전사(부가가치) 〉 매체비용(코스트)

이것은 반드시 이상정보의 창출(가치)이 이상정보의 전사(부가가치)보다 이익이 크고, 이상정보의 전사가 매체비용(코스트)보다 이익이 크다는 '설명'이 아니다. 오히려 기업이 생존하고 이익을 내기 위해서는 반드시 이상정보의 창출(가치)이 이상정보의 전사(부가가치)보다 이익이 커야 하고, 이상정보의 전사(부가가치)는 투입되는 매체비용(코스트)보다 이익이 커야 한다는 '당위'를 나타내는 부등식이다.

경영학에서는 이른바 생존부등식이라는 것이 있다.

가치 〉 가격 〉 코스트

기업이 투입하는 코스트보다 가격이 높아야 하고, 그 가격보다 고객에 제공하는 가치가 커야 비로소 기업은 생존할 수 있다는 것이다. 이 생존부등식은 물리학의 열역학의 법칙으로 쉽게 설명할 수 있을 것 같다.

열역학 제1법칙은 '에너지 보존의 법칙'이고, 열역학 제2법칙은 '엔트로피(Entropy)의 법칙'이다. 엔트로피의 법칙은 쉽게 말하자면, 사용 가능한 에너지가 사용 불가능한 에너지로 바뀐다는 것이다. 30도의 온도를 가지고 있는 방과 20도의 온도를 가진 방을 서로 연결시키면 온도가 높은 쪽에서 낮은 쪽으로 에너지가 이동하고 25도에서 에너지의 운동은 정지한다. 곧 사용 가능한 에너시가 사용 불가능한 에너지 상태로 바뀐다.

물리학의 열역학 법칙처럼, 기업이 제공하는 가치가 가격보다 높고, 그 코스트가 가격보다 낮다면 해당 제품이나 서비스에 대한 고객의 열기는 식지 않을 것이고, 계속해서 기업 쪽으로 이익이 되어 흐를 것이다. 하지만 가치 = 가격 = 코스트가 되는 시점에서 에너지의 이동은 더 이상 발생하지 않으며, 기업의 이익도 발생하지 않는다. 물론 말할 것도 없이, 가치 < 가격 < 코스트가 되면 그 기업은 사라진다. 에너지 보존 법칙에 의해 해당 기업으로 흐르던 에너지는 경쟁사나 다른 기업에게로 이동하게 되는 것은 자명하다.

마찬가지로, 산업의 측면에서 각 산업의 이익의 크기를 볼 때, 3차산업 > 2차산업 > 1차산업이 당연하게 느껴지는 것처럼, 이상정보의 창출은 이상정보의 전사보다 이익이 커야 하고, 이상정보의 전사 과정의 효율은 투입되는 매체비용보다 높아야 한다. 이런 기본원리를 이해하면 우리는 각자가 담당한 영역에서의 가치 혹은 부가가치의 극대화를 염두에 두면서 자신의 노동을 '일'로 바꾸어야 한다는 것에 쉽게 동의할 수 있게 된다.

노동 = 일이나, 과업 = 일이라는 생각에서 벗어나야 한다. 회사에 나와 있으니 일을 하고 있다거나, 무언가를 하고 있으니 일을 하고 있다는 생각에서 벗어나야 생존하고 번영할 수 있다. 그 속에서 성장감과 성공체험을 갖지 못한다면, 평생직장 개념이 없어진 이 시대에 개인 한 사람, 한 사람의 경쟁력은 언제, 어떻게 얻어질 수 있겠는가? 학원에서? 영어 실력으로? 지금 있는 곳에서 성장해야 한다.

노동 + 과업 = 일이라는 등식이 성립되기 위해서는 투입되는 노동량과 과업량에 대한 매니지먼트가 아니라, 투입되는 노동의 질과 업무와의 유기적 통합, 전체 최적화를 통해 이익을 낳는 일이 되어야 한다. 인풋 중심의 워크 하드가 아니라, 아웃풋 중심의 워크 스마트를 부르짖는 이유는 바로 여기에 있다.

인간의 지식노동의 가치가 더욱 커지는 현대사회에 있어서는 특히 이렇게 사람의 '질'을 높이려는, 즉 이상정보의 '질'을 높이려는 노력이 선행되어야 한다. 그때 우리는 다음의 부등식을 체험할 수 있다.

이상정보의 창출 〉 이상정보의 전사 〉 매체비용

그렇다면 이상정보의 창출과 전사가 갖는 의미를 우리가 익숙하게 자주 사용하는 '매니지먼트'의 관점에서 어떻게 해석할 수 있는지 지금부터 살펴보기로 한다.

일의 양면성, 유지하면서 동시에 바꿔야 한다

흔히 매니지먼트의 뜻을 물어보면, '관리' 혹은 '경영'이라는 답을 들을 수 있다. 어떤 때에 관리이고, 어떤 때에 경영이라는 뜻을 가지게 되는 것일까?

다시 한 번 우리가 하는 일의 구조를 들여다보자.

일 = 이상정보의 창출(가치 창출) and / or 이상정보의 전사(부가가치 창출)

여기서 우선 이상정보의 전사는 확정된 이상정보를 있는 그대로 복사하고 재현하는 활동이라고 정의했음을 기억한다면, 기본적으로 이 활동의 목적은 기준을 정하고, 이 기준에서 벗어나는 것을 억제하면서 효율적으로 전사하는 것임을 쉽게 이해할 수 있다. 즉, 활동의 중심축이 지키는 것, '유지'에 있는 것이다.

한편으로 이상정보의 창출은 무에서 유를 창출하거나 기존에 있는 것에서 보다 나은 것으로 이행하는 프로세스이므로, 기존의 기준을 벗어나거나 아예 기존의 틀 자체를 벗어나는 것을 목적으로 한다. 즉, 활동의 중심축이 바꾸는 것, '변화'에 있는 것이다.

이상정보의 창출은 변화, 이상정보의 전사는 유지라는 관점을 관리와 경영의 해석에도 그대로 적용할 수 있다. 관리란 쉽게 말하자면 상한과 하한이 있는 것이다. 그에 반해서 경영이란 상한이 없다.

관리에는 관리상한과 관리하한이 있어서 관리상한선을 넘게 되면, 이른바 오버 퀄리티(Over Quality, 과잉품질)가 되거나, 관리하한선을 넘게 되면 불량이 되는 것이다. 어느 쪽도 바람직하지 않다. 관리 범위 안에 있는 상태가 베스트가 된다. 관리란 곧 지키는 것이고, 유지하는 힘이다.

그러나 경영에서는 하한선은 있어도 상한선은 없다. 어제보다 나은 결과, 어제는 없던 것을 만들어내기 위해서는 기존의 틀이나 상식과 고정관념을 뛰어넘는, 이른바 서프라이즈(surprise)를 용인하는 것이 중요하다. 오히려 기존의 선을 뛰어넘는 것을 조장할 필요가 있는 것이 경영이다. 경영이란 곧 바꾸는 것이고, 변화를 이끌어내는 것이다. 그리고 관리를 포함하는 포괄적인 의미, 즉 넓은 의미에서의 경영을 생각하면, 고정과 변동의 함수를 다루는 예술이 바로 경영이라고도 할 수 있을 것이다.

이렇게 보면, 우리가 흔히 말하는 관리층과 경영층이라고 부르는 사람들의 역할과 일이 분명해질 것이다. 기획, 마케팅, 개발과 같은 '이상정보 창출' 업무를 맡고 있는 사람들의 역할과 경영지원, 품질보증, 제조부서와 같은 '이상정보 전사' 업무를 맡고 있는 이들의 역할이 무엇인지 보다 쉽고 분명하게 인지되는 것이다. 임파워먼트(Empowerment)라는 측면에서 보아도, 회사 기능상의 조직편제를 보아도 마찬가지다. 우리 일하는 사람들은 자신이 경영 즉, 변화를 일으키는 일을 해야 하는지, 아니면 관리 즉, 유지하고 지키는 일을 해야 하는지를 명확하게 인지함으로써, 관리나 경영의 주체가 될 수 있는 것이다.

경영이 고정과 변동의 함수라는 것을 이해하고 보면, 경영자만이 변화를 외치고, 관리자만이 룰을 지키자고 할 일은 아닌 것이다. 한 쪽에서는 지키라고 하고, 다른 한 쪽에서는 창의적으로 일하라고 하니 어느 장단에 춤을 출지 모르겠다고 한다면, 그 사람이 일의 본질에 대해 이해를 못하고 있다는 이야기가 될 지도 모르겠다. 왜냐하면 누구에게나, 누구의 일에나, 경영적 측면과 관리적 측면이 함께 존재하기 때문이다. 말하자면 유지하고 지켜야 할 일과 새롭게 만들거나 변화를 주어야 하는 일이 함께 존재하는 것이다. 따라서 경영과 관리, 유지와 개선이라는 것은 일이 가지는 기본적인 두 측면, 동전의 앞뒷면이나 자전거의 두 바퀴에 해당하는 것으로 받아들여야 한다. 그래서 매니지먼트라는 용어를 '관리'라 부르기도 하고 '경영'이라 부르기도 하는 것이 아닐까.

토요티즘에서의 일이란 유지와 개선의 연속

이렇게 고정과 변동이라는 키워드로 기업 활동을 쉽게 이해할 수도 있다. 인건비에 있어서는 고정분에 해당하는 정규직과 변동분에 해당하는 비정규직 혹은 일용직이나 계약직 등으로 업무에 대응한다. 또한 이상정보의 창출은 정규직이 맡고, 이상정보의 전사는 비정규직이나 아르바이트를 통해 달성하기도 한다. 애플이나 나이키 같은 기업들이 취하는 방식도 이와 같다. 설계는 애플이나 나이키가 맡고, 생산은 외부 전문기업에 위탁하는 것도 이러한 역할 분담의 한 예라고 볼 수 있다.

또한 대부분의 기업들이 하루에 처리해야 할 생산량이나 업무량을 정해 고정시켜 두고, 그에 대한 변동은 영업일 수나 조업일 수를 통해 대응한다. 마찬가지로, 표준프로세스나 표준시간을 고정으로 두고, 매장 수나 라인 수를 통해 고객변동에 대응하는 것이 그것이다. 이러한 고정과 변동이 기업 활동에 있어서 시장상황이나 고객대응을 위한 수동적 표현이라고 한다면, 앞서 설명한 유지와 변화는 시장창출이나 고객포위를 위한 보다 적극적인 표현이라고도 할 수 있을 것이다.

토요타에서는 이것을 아주 명확하게 이해하고 실행하고 있다. 많은 이들에게 익숙한 토요타에서의 일의 개념을 확인해보자.

일 = 유지 + 개선

일본에 토요타자동차 기업 연수를 가서 가장 먼저 배우는 개념이 바로 이 일에 대한 정의이다. 앞에서 설명한 것을 그들은 알고 있다. '일'하기에 앞서 '일'이 무엇인지를 알아야 한다는 것을 그들은 알고 있다. 알고 하는 일이기에 퍼포먼스에도 당연히 차이가 있는 것이 아닌가 싶다.

스스로를 경영하는 사람, 즉 셀프 리더십을 가진 사람은 자신의 일과 삶에 있어, 유지+개선의 사이클을 계속해서 돌리는 사람이라고도 할 수 있겠다. 우리가 흔히 일 속에서 보람 혹은 성취감을 느낀다고 할 때는 이상정보를 제대로 전사(유지)해 고객으로부터 인정을 받을 때인 경우가 많고, 일 속에서 성장하고 있음을 느낀다고 할 때는 보다 나은 일의 방법이나 가치를 찾아내어 '개선'했을 때이다. 결국 많은 기업들이 생각하는 것만큼, '동기부여'라고 하는 것은 회사나 상사가 일방적으로 줄 수 있는 것이 아니라는 얘기다. 다만, '기회'를 줄 수 있을 뿐이다. 그래서 기업문화 측면에서, 종적으로나 횡적으로 문제해결과 성장과 성공을 위한 전체 최적화라는 관점을 가지고 있는가와 상사들이 부하들의 성장에 관심을 가지고 있느냐 하는 것은 대단히 중요한 요소가 된다.

우리들은 자칫 일 = 유지라고 생각하는 경향이 많다. 개선을 하면 추가적으로 공헌을 했으니 무언가 보상을 바라는 심리의 이면에는 일 = 유지라는 패러다임이 숨어 있다. 그러나 일이 진행되는 과정을 살펴보면, 일 = 유지 + 개선의 연속임을 알게 된다. 다음 장에서는 일이 진행되도록 하기 위한 관리 사이클을 통해서 유지와 개선의 강력한 힘을 살펴보기로 한다.

Chapter 6

문제를 드러나게 하는
토요티즘의 철학

기존 PDCA 사이클에서의 문제점

일이 유지 혹은 개선의 연속이라는 개념에서 본다면, 일반적으로 우리가 알고 있는 '데밍 사이클(Deming Cycle)'과는 다른 일의 사이클이 필요하다는 것을 이해할 수 있다. 창업이 아니라면 '계획'에서 시작하는 일이란 그다지 많지 않기 때문이다.

[그림7]은 PDCA 사이클, 혹은 데밍 사이클이라는 부르는 관리 사이클을 나타내는 것이다. 앞장에서 관리란 유지하는 것이라는 설명을 했지만, 누구나 알고 있듯이 관리의 목적은 현재의 수준을 유지하면서 보다 상위의 수준을 향해 나아가는 것을 포함하는 연속적 활동이기도 하다. 따라서 [그림7]에서 볼 수 있듯 현재의 기

그림7. 데밍 사이클(©www.totalqualitymanagement.wordpress.com)

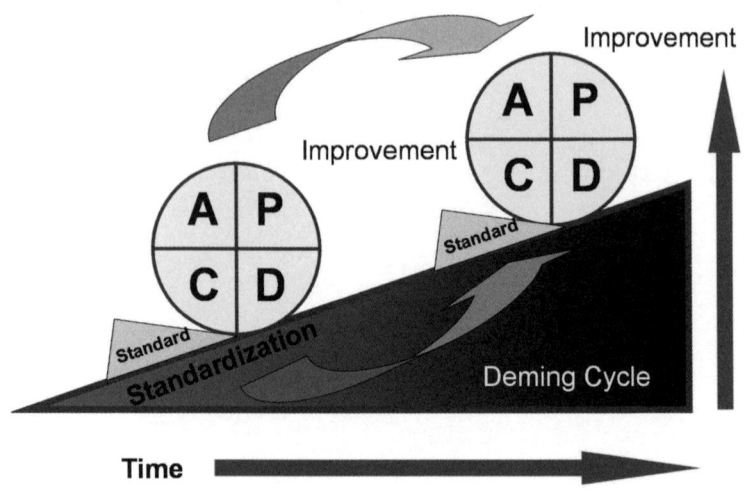

준, 스탠더드 위에서 '업무계획을 세우고(Plan), 그대로 실행해보고 (Do), 그 계획과 실행, 실적 사이의 갭을 파악하여(Check), 추출된 과제를 개선한다(Act)'는 사이클을 계속해서 돌림으로써, 시간이 지날수록 목표하는 '바람직한 미래모습'(DFS, Desired Future Status)에 다가갈 수 있는 것이다. 그런데 의외로, 많은 이들이 귀에 못이 박혔다고 해도 좋을 만큼 지겨워하는 이 사이클이 잘 돌아가지 않는 것이 사실이다. 왜냐하면 PDCA사이클을 계속해서 돌린다는 것이 여간 어려운 일이 아니기 때문이다. 그러면 왜 PDCA 사이클로는 지속성을 담보하기가 어려운 것일까?

그것은 P로부터 시작하는 PDCA 사이클은 그 속성상 계획 즉, 목표 그 자체에 대한 검증이 없는 경우가 많기 때문에 실행했을 때의 실적과 갭이 크다는 것이 첫 번째 문제이고, 두 번째는 현재 상태(Present Status)에 대한 정확한 현상 파악이 어려워 목표설정의 적합성 확보와 실행 상태에 대한 실상 파악이 어렵다는 것이다. 그것이 C와 A를 하는 데 있어서의 제약이 되기도 한다는 것은 쉽게 이해할 수 있다. 한마디로 말하면, 가시화(可視化)가 안 되어 있기 때문이라는 것이다.

가시화를 위해 C부터 시작하는 토요타

대체로 '무언가'를 시작하기 위해서는 먼저 그 '무언가'를 명확하게 하지 않으면 안 되고, 업무의 구체적인 행동 계획인 P에서 시작하는 것은 지극히 당연하다고 생각하기 쉽다. 그러나 아무리 훌륭한 계획을 세웠다 하더라도 목표 설정이 그 시점의 상황(현재 상태)을 정확하게 반영한 것이 아니라면, 그 계획은 순식간에 정당성을 잃게 된다.

한국이 태권도나 양궁에서 금메달을 많이 따는 것은 사실이지만, 내가 한국인이라는 이유만으로 올림픽 태권도 종목이나 양궁 종목에서 금메달을 따겠다는 목표가 곧바로 정당화될 수 없는 것과 같은 이치다.

그렇다면 실제로 업무 사이클을 돌릴 때 중요한 것은 무엇일까? 일하는 모든 사람들이 겪게 되는 실제 일의 프로세스는, 먼저 과거를 반성하고, 현재의 상태를 명확하게 확인한 후, 철저하게 문제점을 추출한 다음 새로운 개선 계획이나 업무 계획을 수립한다.

내가 전국대회에서 1위를 하는 정도의 실력이라면 다음 올림픽에서 메달을 획득하겠다는 목표가 현실성이 있다. 하지만 운동 한 번 안 한 사람이라면 동네 한 바퀴를 달리는 데부터 시작해서 5년 후, 10년 후의 장기적 관점에서 메달 획득이라는 목표를 수립하지 않으면 안 된다. 반성이나 현상에 대한 파악 없이 세우는 계획의 대표적인 사례로 학창시절의 방학생활 계획표를 들 수 있는데, 계획의 정당성과 현상에 대한 명확한 인식이 없을수록 실제 사이클은 엉망이 된다. 이유 없는 실패는 없는 것이다. 회사의 목표나 비전에도 이런 갭이 존재하는 것이 사실이다.

그래서 토요타에서는 PDCA가 아니라, CAPD 사이클로 일한다. 즉 토요타는 현상 파악에 해당하는 C에서부터 시작한다. Check라는 단어는 그 뜻이 깊다. 우리가 흔히 기업에서 문제라고 하는 것에는 두 종류가 있다. 바로 '회복의 문제'와 '향상의 문제'가 그것이다.

회복의 문제란 발생형 문제라고도 하는데 표준류의 정비와 준수로 해결할 수 있다. 반드시 지켜야 할 원칙이나 표준, 기준의 존재 여부와 그러한 원칙이나 표준, 기준을 얼마나 지키고 있는가에 대한 것이다. 즉 원칙이나 표준이 없거나, 그것을 지키지 않음으로써 발생하는 문제를 말한다. 비교적 낮은 수준의 문제라고 할 수 있다.

그에 반해 향상의 문제란 설정형 문제라고도 하는데, 미래의 바람직한 상태를 목표로 설정하고, 그 목표와 현상의 차이를 극복함으로써 해결할 수 있는 문제를 말한다. 기업이 성장한다는 것은 바로 이 향상의 문제를 해결하고 있다는 것을 의미한다.

결론부터 쉽게 말하자면, 회복의 문제가 많으면 많을수록 향상의 문제에 대한 PDCA가 엉망이 된다. 실력이 없을수록 목표 달성이 어려운 것과 마찬가지이다. 그런데 대다수 기업에서 내세우는 개선이나 혁신 활동은, 그것도 토요타나 GE에서 배운 것이기는 하지만, '마른 수건도 짠다'거나 높은 '도전 목표(Stretch Goal)을 세워야 한다'는 생각에, 겉보기에만 아주 훌륭한 목표와 계획을 수립하는 경우가 대부분이다. 그러나 "잘못 설계된 것을 제대로 전달하려는 노력이야말로 가장 큰 낭비"라는 피터 드러커의 말은 그러한 기업에 대한 관찰의 결과, 즉 실패의 연속이다.

변화에 성공하고자 한다면, 유지 존속하고자 한다면, 현재의 상태를 제대로 이해하는 것이 매우 중요하다. 더 멀리, 더 높이 뛰기 위해서 우리가 놓치고 있는 회복의 문제가 무엇인지, 현재 어느 정도의 실력을 가지고 있는지부터 'Check'하는 것이 그 출발선이다. 그런 가운데 발견된 회복의 문제에 해당하는 표준류의 '정비'와 '준수'를 위한 행동은 생각할 것도 없이 '즉실천(Act!)하라'는 것이다.

그렇게 토대를 다지고 난 뒤에 미래의 바람직한 모습에 따른 계획을 수립하고(Plan), 그 계획대로 실행(Do)하면 되는 것이다.

그렇게 보면, 가장 중요한 활동이 바로 Check이고, 그 C의 정확도가 전체 활동의 타당성과 달성 여부를 결정짓는다는 것을 이해할 수 있다. 바로 여기에 토요타가 모든 부서, 모든 활동에 대해 '가시화'를 추구하는 이유가 있다. 비주얼 매니지먼트의 본질은 그 자체가 무엇인가를 해결해준다는 것이 아니라, 마치 좋은 거울처럼 있는 그대로의 모습을 드러낸다는 것에 있다.

이어서 토요타그룹과 린 컴퍼니들이 어떻게 자신들의 일을 가시화하는지 좀더 살펴보자.

이상대응 관리로 문제해결에 집중하는 토요타

여러 가지 용어들에 대한 설명이 계속해서 나오는 것은, 먼저 용어에 대한 명확한 이해가 있어야 제대로 실행할 수 있기 때문이다. 특히 '실천의 학문'으로 유명한 토요타방식에서 사용되는 용어들은 기존의 상식과는 배치되거나 보다 본질적인 의미를 갖는 것이 많이 있으므로, 이를 잘 이해하는 것이 중요하다.

관리는 앞에서도 언급한 바와 같이, 관리상한과 관리하한을 두

그림8. 정상과 이상(문제)

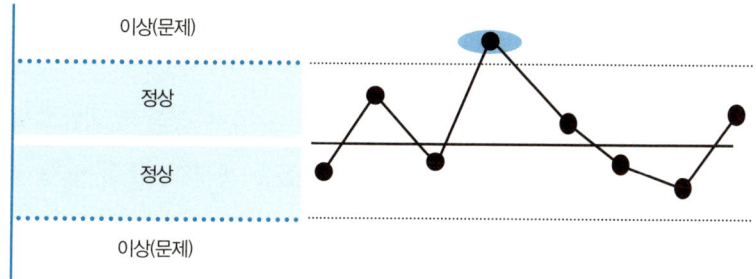

고, 그 안에 분포할 때를 정상, 그 한계선을 벗어난 상태를 이상(異常) 혹은 문제라고 한다. 우리는 그 이상(문제)에 대해 액션을 취함으로써 정상 상태로 복귀시키거나, 관리 수준을 한 단계 올리는 것을 '개선'이라고 부른다.

그러니 개선에 앞서 우선 현재의 상태가 정상인지 아닌지를 아는 것이 선결임을 알 수 있다. 이렇게 정상, 이상의 여부를 가장 쉽고 정확하게 알 수 있도록 하는 수단이 이른바 '가시화'이다. 또 이상에만 대응하는 자신들의 관리를 설명하기 위해 토요타는 다른 기업들의 관리를 '정상 관리'라고 칭하고, 자신들의 관리를 '이상대응 관리'라고 부른다.

정상 관리란, 끊임없이 정상인지 아닌지를 확인해야 하는 관리를 말한다. 관리자의 업무 대부분이 그 확인 작업이나 모니터링에 투입되고, 문제가 발생하였을 때는 재발 방지가 아닌 임기응변적 조치에 그치는 경우가 많아 동일한 원인으로 문제가 재발하는 형태의 관리를 말한다. 감히 말하건대, 토요타와 린 컴퍼니로 알려진 몇몇 기업을 제외한 많은 기업이 여기에 속한다.

이에 반해, 이상대응 관리란 높은 수준의 '가시화'를 확보함으로써 정상은 관리하지 않는다. 이상이 발생했을 때에만, 즉 문제가 발생했을 때에만 공수를 투입하여 임시조치가 아니라 재발 방지 대책에 몰두함으로써, 원칙적으로는 '같은 원인으로는 두 번 다시 문제가 재발하지 않도록'하거나, 나아가 아예 그러한 문제가 발생할 원인을 제거하여 '미연에 방지'하는 활동에 시간을 할애함으로써 관리 그 자체를 없애나가는 것을 말한다.

가시화와 이상대응 관리에 대해서는 Part 2에서 좀더 자세히 다루게 될 것이므로 여기서는 이 정도로 마무리한다.

이상과 같이 Part 1에서는 주로 토요티즘의 일에 대한 인식, 철학이 왜 지금의 시대적 과제를 해결할 수 있는 것인지, 그 확연한 차이점은 무엇인지를 중점적으로 살펴보았다.

이제는 조금 더 구체적으로 토요티즘의 차별화된 방식, 즉 토요타자동차라는 회사와 그 구성원들의 일하는 방식을 살펴봄으로써 토요티즘을 구현하는 방법을 이해하고자 한다. 가급적 토요타자동차에서 전사적으로 이루어지는 활동을 기본으로 설명함으로써, 업종이 다르다거나, 업무가 다르다거나, 성격이 다르다는 인식의 벽을 넘어보고자 한다. 다름을 인정하는 것은 궁극적인 이해를 위한 것이지, 다름을 고착화하고 유지하기 위한 것이 아니기 때문이다.

PART 2

토요티즘, 일을 하는 방식이 다르다

Part 2에서는 '토요타와 린 컴퍼니들은 어떻게 일을 하고 있는가'라는 관점에서 목적과 목표를 달성하는 수단으로서의 조직 운영상의 특징을 설명할 것이다. 누가 그 일을 하든지, 같은 결과를 반복적으로 얻어내야 한다는 '조직 속에서의 일'을 구현하기 위한 시스템의 의미와 그 방법론에 대한 '선택적 지각'에 도움이 되기를 바란다.

벤치마킹, 다른 기업의 사상과 방법론을 자신의 회사에 도입하는 데는 항상 '적용(Application)'과 '적응(Adaptation)'의 딜레마에 부딪히게 된다.

적용 과정에서의 과학적 요소(합리적 요소)와 적응 과정에서의 문화적 요소(비합리적 요소)는 항상 트레이드 오프(Trade off, 이율배반)의 관계가 있기 마련이다. 나는 이 파트에서 토요티즘의 과학적 요소, 즉 합리적 요소를 최대한 드러내려고 노력했다. 그런데 그것을 독자들의 기업이나 조직, 개인 생활로 이전하기 위해서는 기존의 생각이나 문화와의 마찰이 반드시 생기므로, 이에 대한 현명한 조치를 통해 각 기업의, 그리고 각자의 경쟁력을 구축하는 토대를 만들 수 있기를 희망해본다.

Chapter 7
토요티즘의 일하는 방식은 애자일과 린이다

새로운 매니지먼트 패러다임을 다룬 프레데리크 랄루(Frederic Laloux)는 《조직의 재발명(Reinventing Organizations)》이라는 책에서 조직의 형태가 어떻게 변화되어 왔는가에 대한 시대별 패러다임을 '색깔(color)'이라는 상징을 통해 잘 설명하고 있다.

문명비평가들을 제외하면, 인간사를 발달사로 보는 경향은 아마도 일반적인 시각일 것이다. 그런데 그러한 발달을 가져온 근본동인이 무엇이냐 하는 것에 대한 관점들이 다를 수 있는데, 막스 베버(Max Weber)와 아담 스미스(Adam Smith)가 '개인수의석 이기심이 모든 진보의 동기가 되는 힘'이라고 현대 자본주의를 정의한 이래, 이기적 행동이 사회적 선(善)으로 이어진다는 생각이 주를 이룬 것이 사실이다.

그러나 230년이라는 짧은 자본주의의 탄생과 동력만을 분석하는 것이 아니라, 인류의 기원으로부터 현재에 이르기까지의 큰 시각으로 바라보는 '빅 히스토리' 관점에서 저자가 발견하고 주장하는 인간사의 발전 동력은, 이기심이나 경쟁이 아니라 바로 '협업'이다. 실제로 지구상에 가장 넓은 분포를 보이며 어떠한 환경 속에서도 살아남은 존재 중 1위가 인간이고, 2위가 늑대인데, 이 둘의 공통점 가운데 가장 큰 특성은 바로 협업을 하는 존재이며, 협업이 바로 '인간의 승리'의 원인이라고 랄루는 밝히고 있다.

그는 이 책에서 인간의 협업방식의 변천사를 다루고 있다. 시계열적으로, 수직적으로 시대에 따라 새로운 협업방식과 조직문화의 패러다임이 어떻게 진화해왔는지 보여준다. 그리고 그러한 패러다임이 현재에 이르기까지 수평적으로도 살아남아 있다고 보고 그 사례를 들어 밝히고 있다.

그는 시대별 패러다임, 혹은 협업방식에 각기 상징적인 색깔을 부여했다. 우리가 어떤 길을 걸어왔는가를 함께 살펴보며 역사의 산책을 즐기는 것도 의미가 있을 것이다. 왜냐하면 그 산책의 끝에서 토요티즘과 린 컴퍼니들을 만날 수 있기 때문이다.

협업방식의 변화에 따른 패러다임의 변화

빨간색, 강력한 절대자의 권위적 통치 사회

첫 번째는 가장 오래된 패러다임으로, 빨간색으로 표현된다. 비유하자면 '이리떼'와 비슷하다. 원시 부족사회부터 나타난 가장 오래된 조직구조이며, 수백만 년간 주류였다. 핵심적인 특징은 막강한 두목이 있다는 것인데, 외부의 적들은 그에게 공포를 느끼고 내부의 무리는 그에게 순종한다.

이런 조직은 혼돈과 난세에 유리하다. 무리의 생존을 보장하는 데에 강력한 보스만한 존재도 없기 때문이다. 이런 조직문화의 핵심 경쟁력은 권위적 통치이다. 두목이 방향을 정하면 무리는 따르는 것이다. 조직의 공동목표 달성을 위해 분업이 시작되고 전문분야들이 생겨나 무리 전체의 이익을 도모하게 된다. 오늘날에도 이런 빨간색 패러다임으로 움직이는 조직을 볼 수 있는데, 예를 들어 마피아, 조폭, 해적단 등이 있다. 이런 조직은 태생적으로 시야가 짧다. 당장 살아남는 게 급선무이기 때문이다.

황색, 엄격한 계급제와 위계질서 사회

다음은 황색 조직이다. 공포통치에 기반한 불안정한 권력 구조가 장기적 성공을 거둘 수 없을 때 나타난다. '군대'에 비유할 수 있겠다. 신분에 따른 계급제가 발달하게 된다. 로마 군대나 카톨릭 교가 그 사례이다. 물리력만 가지고는 안 되는 장기적 목표를 계급제에 기반한 안정적 리더십으로 이루어내려는 시도라고 볼 수 있다.

이런 황색 조직의 특징은 엄격한 계급제도를 통한 '질서와 안정'에 있다. 상급자는 하급자에게 강력한 권한을 행사하곤 한다. 핵심 경쟁력은 장기적인 성공에 부합하는 강력한 행정적 '절차'와 그 위계질서 안의 다양한 공식적 '직함과 자리'라고 할 수 있다. 현재에도 존재하는 황색 관점을 갖는 사례라면 공립학교나 정부, 교회를 들 수 있을 것이다.

오렌지색, 이성과 합리로 대변되는 실적주의 사회

다음 단계인 오렌지색은 경직된 황색 조직이 새로운 시대에 부응하지 못하여 등장한 것이다. 오렌지색 조직을 나타내는 상징은 바로 '기계'이다. 이성과 합리의 시대에 등장한 대표적인 상징이다. 미국, 프랑스혁명과 그 시기를 함께하며, 개인의 능력이 중요해지던 시기였다. 계급과 상관없이 경쟁 참여의 기회를 얻기 시작하던 무렵이기도 하다. 우리에게 익숙한 산업혁명과 자본주의의 여명기가 드디어 밝아온 것이다.

오렌지색 조직의 주요 특징은 조직 안팎에서의 '경쟁', '이윤 극대화 추구', '목표 지향적 경영 스타일'이다. 상급자가 전략을 설정하면 하급자에게는 그 전략을 수행할 제한적인 자유가 주어지는 형태이다. 오렌지색 조직의 핵심 경쟁력은 '혁신', 설정된 목표 달성을 위한 '책임', 지성, 창의성 등 역량에 따라 승진할 수 있는 '실적주의'로 대변할 수 있다. 오늘날의 주류 조직문화 패러다임이기도 하다. 거의 모든 기업과 조직이 여기에 속한다. 아마도 이 책을 읽고 있는 독자들의 기업이나 조직도 여기에 속해 있을 가능성이 그만큼 크다고 할 것이다.

오렌지색 조직이 한계에 부딪히는 건 월급 인상의 효과가 떨어질 때이다. 직원들이 자기가 기계의 작은 부품일 뿐이라고 느끼기 시작할 때이다. 2013년 설문에 의하면 미국 근로자의 업무 몰입도가 30%밖에 안 되는데, 이것이 오렌지색 조직의 한계란 것이다. 낮은 수준의 욕구(급여, 복리후생 등)를 자극하는 것이 더 이상 힘을 발휘하지 못하고, 높은 수준의 욕구(소속감, 인정 등)에 대한 자극이 부족한 기업들이 공통적으로 겪고 있는 문제이기도 하다.

녹색, 참여와 균형을 중시하는 사회

다음 단계인 녹색은 자연스럽게 더 많은 사람들이 일터에서 의미를 찾기 시작하며 등장한다. 녹색 조직은 '가족'에 비유할 수 있다. 녹색 조직의 주요 가치는 '고객만족', '공유가치에 근거한 의사결정', '전구성원의 높은 참여도'로 나타난다.

핵심 경쟁력으로는 고객, 직원, 주주 등 모든 이해당사자의 니즈를 아우르는 '이해관계자 밸런스'와 더불어 전략보다 '문화'를 중시하는 경향, 계급과 상관없는 '권한 부여'를 들 수 있다. 녹색 조직에

속하는 기업의 예로 저자는 사우스웨스트항공(Southwest Airlines), 벤 앤제리 아이스크림(Ben & Jerry's)을 들고 있는데, 바로 이러한 기업의 속성인 애자일(agile, 민첩한, 날렵한)과 린(lean, 군살이 없는) 역시 위와 같은 특징을 공유한다. 프레데리크 랄루는 녹색 조직은 합의 형성이 안 돼 의사결정이 느려질 때 한계에 달한다고 하였다. 조직에 잔존하는 계급 시스템이 더 큰 자율권을 원하는 사람과 갈등을 빚는다는 것인데, 그는 여기서 토요타자동차가 아닌 일반적인 일본 기업의 모습을 본 것이 아닌가 하는 생각이 든다. 하지만 앞에서도 이야기한 바와 같이 일본 기업들과 토요타는 상당히 다른 모습을 보이고 있고, 실제로도 다른 길을 걷고 있다. 랄루는 애자일과 린을 이 단계에서 이야기하고 있지만, 독자들도 아마 다음 단계에서 토요타자동차와 토요티즘의 특징을 더 많이 발견하리라 생각한다.

청록색, 온전성과 자율을 가진 유기체적 조직

다음 단계의 청록색은 조직들이 계층구조 없이 효과적으로 일하는 방법을 발견하면서 등장한다. 청록색 조직을 대변하는 상징은 '생명체, 유기체'이다.

  청록색 조직의 주요 특징은 깨지면 깨질수록 더 강해진다(anti-fragile)는 것으로, 위기를 맞았을 때 수평적인 조직구조와 역할들이 그때그때 맞물려 변화하여 더욱 강한 조직이 된다는 점이다. 진화하는 목표와 비전에 맞춰서 변화하고 또 직원들이 공유하는 가치에 발맞추어 변화하는 것으로, 이는 모두가 모든 의사결정권을 공유하는 '피드백 과정(advice process)'을 통해 가능해진다. 결정으로 영향을 받을 사람들의 피드백을 수용하는 한 누구든 의사결정을 내릴 수 있는 것이다.

청록색 조직의 핵심역량은 '온전성(wholeness)'으로 표현하고 있다. 직원들의 영성, 지성, 창조성 등 자신의 개성을 온전히 드러낼 수 있다. 자신을 있는 그대로 보여도 평가 받지 않으니 심리적으로 안정된다. 또 다른 핵심역량은 '자율'이다. 그는 대부분의 청록색 조직에는 관리자가 없고 다만 진화하는 사명이 있을 뿐이라고 설명한다. 이 말의 뜻은 조직의 사명이 특정 개인에 종속되지 않고 사람이 들어오고 나감에 따라, 또 조직이 더 큰 임팩트를 만드는 법을 배워감에 따라 진화하고 변한다는 것이다. 이런 설명과 더불어 그는 청록색 조직의 예로 아웃도어 의류회사 파타고니아(Patagonia), 미국 토마토 제품 시장의 40%를 차지하는 모닝스타(Morning star), 7,000여 명으로 구성된 가정간호 비영리조직 부르트조그(Buurtzorg)를 들고 있다.

애자일과 린으로 대변되는 토요티즘

이런 관점에 따라 우선은 대부분의 기업과 조직이 오렌지색 영역에 있다는 현실에서 출발하여, 녹색이나 청록색으로 나아가는 흐름을 이해하는 것이 바람직한 순서일 것이다.

오렌지색의 상위단계인 애자일과 린은 녹색 패러다임에 그 뿌리를 두고 있다. 조직에 애자일과 린이 잘 도입되지 않는 경우는 대개 리더십이 오렌지색 조직 레벨에 머물러 있기 때문이다. 오렌지색 조직의 관점을 가진 사람 눈엔 애자일과 린이란 단지 생산성, 효율성, 이윤 증대의 수단일 뿐이다. 하지만 녹색 조직이 중시하는 '문화'의 적용 없이는 린을 채택해봤자 오렌지색의 혁신, 책임, 실적주의와 같은 요소만 남고 톱다운식 경영방식이나 이윤 극대화와 같은 오렌지색 조직의 가치에 묻혀버리고 만다고 지적한다. 탁월한 지적이 아닐 수 없다.

마지막으로 그는 한 색깔이 다른 색깔보다 반드시 낫다고 주장하는 것이 아니라는 점을 강조하고 있다. 매 관점 혹은 각 기업이나 조직의 성숙도에 따라 각각의 패러다임이 나름대로의 가치와 강점을 가질 수 있다. 회사와 사업부의 구성원과 현실적 목표에 따라 달라질 수 있다는 말이기도 하다. 하지만 언제까지나 어린이에 머물러 있어도 좋다는 말로 이해해서도 안 될 것이다. 성장단계를 이해하고, 나아갈 방향을 확인하는 나침반으로 사용하면 좋을 것이다.

아니나 다를까! 그가 분석한 데이터에 의하면 나중에 등장한 색깔의 조직문화가 복잡도와 상호연결도가 높은 업무를 효과적으로 처리할 수 있다고 한다. 하지만 이게 모든 상황에 꼭 필요한 것도 아니고 녹색과 청록색 조직만이 가능한 것도 아니다. 색깔에 따라 성공에 대한 정의도 다르고, 또 당연한 이야기이지만 새로운 색깔의 조직은 옛 색깔의 조직적 장점을 포함하고 있다. 그는 이러한 모습을 같은 모양의 인형이 안에 계속해서 들어 있는 러시아 인형, 마트료시카(Матрёшка)로 설명한다. 당신이 만약 청록색 관점을 가진 사람이라면, 당신 조직의 특성에 따라 청록색과 더불어 오렌지색, 황색 조직의 장점을 계속해서 적용할 수 있고 또 그래야만 한다는 것을 보여준다.

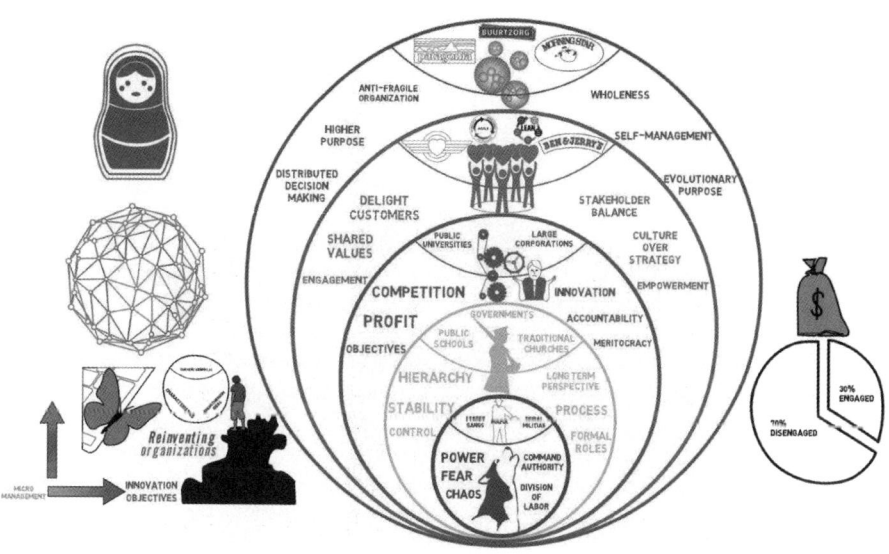

그림9. 시대별 패러다임의 구조와 이해(©www.awperformances.com)

이것은 또한 애자일과 린으로 상징되는 토요티즘의 패러다임을 조직문화라는 넓은 관점에서 살펴보았을 때, 많은 조직들이 토요타방식을 적용함에 있어 애를 먹는 이유를 이해하게 할 뿐만 아니라 조직의 변화에 문화가 얼마나 중요한지도 실감하게 한다.

[그림10]은 토요타방식을 나타낸 것이다. 나는 지속가능한 기업의 대표주자로서 그 어떤 기업보다 토요타자동차를 언급하고자 하는데, 그 이유는 [그림10]에 나타나 있다. 그림을 보면 토요타자동차가 지금까지 80년의 역사를 지속해올 수 있었던 배경에는 크게 두 가지가 있음을 알 수 있다. 하나는 '끊임없는 개선(Continuous Improvement, 변화의 추구)'이며, 다른 하나는 '사람에 대한 존중(Respect for People, 협업)'이다.

80년을 지속해온 기업에 있어서 가장 중요한 것은, 어제 했던 것

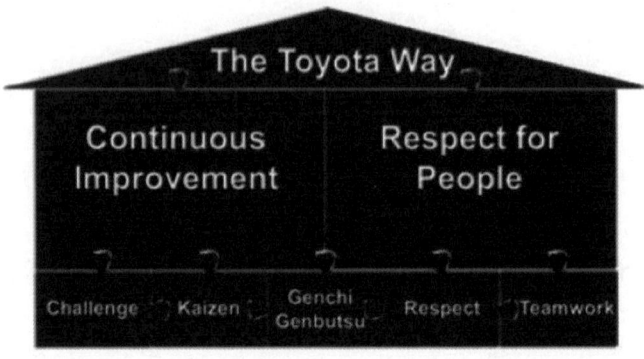

그림10. 토요타방식

을 오늘 반복하는 것이 아니라 끊임없이 바꾸어가며 변화를 추구하는 것이었고, 그러한 변화는 자사뿐만 아니라 공급망 관리(SCM, Supply Chain Management) 전체에 존재하는 협력사, 자사, 고객으로 불리는 이해관계자, 사람들에 대한 존중을 통해서 가능하다는 것을 토요타는 누구보다 잘 알고 실천해왔다. '고객만족'을 토요타만큼 이른 시기에 강조한 기업이 드물고, 그러한 고객만족을 위해 자사와 밸런스를 맞춰주고 대부분의 부품을 공급하는 기업을 최초로 '하청회사'가 아닌 '협력회사'로 부름으로써 사람에 대한 존중의 철학을 드러내고 있는 것이다.

이제 우리는 위와 같은 토요타의 일하는 방식을 중심으로, 또 그러한 일하는 방식을 지지하는 문화를 이해함으로써, 토요티즘의 핵심이 되는 '사람에 대한 존중'의 문화와 '지속적인 개선'을 통해 위기에 더욱 강한 조직이 될 수 있음을 살펴보기로 한다.

Chapter 8
토요티즘, 시스템적으로 일한다

시스템은 유기체이다

[그림 11]을 보자. [그림 11]은 앞에서 나온 [그림4]의 이상정보의 창출과 전사 과정을, 기업의 개발부터 판매까지의 과정에 빗대어 설명한 것이다.

업무 프로세스의 상단에 있는 개발, 설계 등의 부문에 해당하는 일은 이상정보의 창조에 해당한다. 제조부문의 일은 그야말로 이상정보의 전사를 담당한다. 그리고 판매조직과 그 구성원들은 그 이상정보를 발신하는 역할을 하고 있는 것이다.

기업 활동의 흐름을 단순화해서 보면, 제조업은 개발 – 생산 – 판매의 연속 흐름이 될 것이고, 서비스업은 개발 – 판매 – 수행의 연속

그림11. 기업의 가치 및 부가가치의 창출과 전사 과정

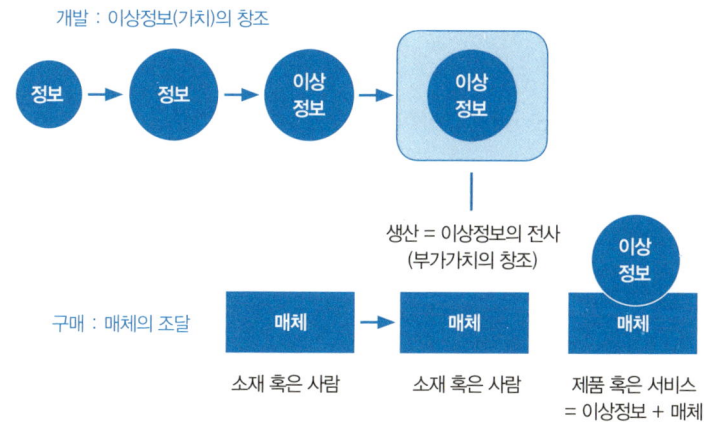

흐름이 될 것이다. 이러한 일에 있어서 이상정보의 훼손이 없이, 누가 하더라도, 같은 결과가 반복적으로 도출되어야 한다는 것을 누구나 인정하고 있다. 그래서 회사에서는 모든 구성원들에게 다음과 같은 요구를 하게 된다.

"시스템적으로 일하라!"

그렇다면, 우리는 먼저 이 질문을 던져야 한다.

"시스템이란 무엇인가?"

먼저 시스템의 사전적 정의는 다음과 같다.

시스템(system)

명사

1. 1.

체계적인 방법이나 조직, 또는 제도

순화어는 '조직', '체제', '방식'

"효율적인 관리"

2. 2.

컴퓨터

중앙 처리 장치·기억 장치·입출력 장치·통신 회선 등의 유기적 결합

조금 더 깊이 있는 이해를 위해, 1950년대 경제학자 케네스 보울딩(Kenneth Boulding)에 의해 체계화된 시스템이론에서의 시스템의 정의를 살펴보자.

"시스템이란 사전에 결정된 공통적 목적이나 목표를 달성하기 위해 하나 이상의 구성요소가 상호 기능적으로 관련된 요소(elements)들의 결합이라 정의할 수 있다. 즉 전체를 구성하는 상호 관련된 부분들의 집합을 말한다. 다시 말해 시스템이란 여러 개의 독립된 구성인자가 고유의 기능을 가지며, 전체 목표를 달성하기 위해 상호 유기적으로 결합되어 있는 집합체로서 특정한 목적을 위하여 설계된 상호작용하는 부품의 집합을 말하는 것이다. 즉, 두 개 이상의 객체가 연합하여

객체 상호간의 논리적 연관성을 가지고 특정 목적을 수행하는 유기체를 말한다."

위의 보울딩의 정의를 한마디로 요약하면, '시스템 = 유기체'라는 것을 알 수 있다. 사실 시스템이라는 영어를 한글로 번역할 때 일반적으로 사용하는 조직, 체계라는 말보다는 생물과 같이 유기적으로 구성되어 생활 기능을 가지게 된 조직체라는 의미에서의 '유기체'라는 단어가 뉘앙스를 잘 살리는 것이 아닐까 싶다.

그런데 자연계에서는 어떤 유기체도 목적이나 목표를 가지고 태어나지 않는다. 사람도 마찬가지이다. 목표를 가지고 태어나는 사람은 없다. 그러나 사람들의 집합체, 특히나 회사라는 형태의 집합체에는 반드시 목적과 목표가 있다. 오히려 그러한 목적과 목표를 달성하기 위해 모인 사람들의 집합이 회사이다.

그렇다면 회사는 이미 그 자체로 시스템이론에서 말하는 '특정 목적을 수행하는 유기체로서의 시스템'이어야 한다. 왜냐하면 시스템의 정의에서 보듯이 '시스템이란 사전에 결정된 공통적 목적이나 목표를 달성하기 위해 하나 이상의 구성요소가 상호 기능적으로 관련된 요소들의 결합과 그 집합체'이기 때문이다.

그런데도 우리는 눈만 뜨면 시스템적으로 일하자고 외치는 것은 왜일까?

시스템적으로 일한다는 것은 무엇인가?

이러한 괴리를 해결하기 위해서, 우리는 '시스템적으로 일한다는 것은 무엇인가'를 제대로 이해하지 않으면 안 된다.

'시스템 = 목표와 목적을 가진 유기체'이므로, 시스템적으로 일한다는 것은 유기체와 같은 특징을 공유하는 일을 해야 한다는 것으로 이해할 수 있다. 학문의 통합적 이해를 위해 탄생한 것이 시스템이론이라면, 우리는 시스템을 이해하기 위해 유기체, 즉 생물의 특징을 이해할 필요가 있다.

일반적으로 무생물과 구별되는 생물의 특징은, 자기 증식 능력, 에너지 변환 능력, 항상성 유지 능력이라고 하는 3가지의 능력을 가지고 있는 것이라고 한다. 우리는 여기서 시스템적인 일, 즉 유기체적인 일의 개념을 뽑아낼 수 있다.

내가 강연할 때 항상 이야기하는 시스템의 정의는 그래서 바로 다음과 같다.

"시스템이란, 안정적인 인풋으로, 동일한 결과가, 반복적으로 나오는 구조이다."

생물, 유기체, 시스템은 에너지 변환 능력(인풋을 아웃풋으로 바꾸는 능력)을 통해 자기 자신을 증식하며(아웃풋을 내며), 그 같은 결과를 반복적으로 구현하는 항상성 유지 능력을 가지고 있다는 것이다.

이렇게 쉬운 말로 우리는 시스템적으로 일한다는 뜻을 이해할 수 있다. 그것은 바로, '안정적인 인풋으로, 동일한 결과가, 반복적으로 나오는 구조'를 만들어서 일을 하면 된다는 것이다. 이것은 그대로 과학의 원리이다.

물이 몇 도에서 끓는가? 순수(증류수)와 1기압이라는 전제조건(안정적인 인풋)만 갖추어진다면, 100도에서 끓는다는 결과(동일한 결과)를 초등학생이든, 대학교수이든, 공장작업자든(반복적으로) 얻을 수 있다.

결국 경영이나 관리, 나아가 우리가 하는 일이란 이상정보를 포함한 안정적인 인풋(매체 혹은 사람)으로, 동일한 결과(이상정보의 전사)를, 반복적으로 얻기 위한 행위라고 이해하면 되는 것이다. 흔히들 측정할 수 없는 것은 경영하거나 관리할 수 없다고 이야기하지만, 우리가 하는 일은 그 측정을 통해 인과관계를 확인하는 과학이라고 할 수 있다. 혹은 그러한 과학이어야 한다.

따라서 시스템 자체가 목적과 목표 달성을 위한 유기체라고 정의하면서도, 수많은 조직에서 시스템적으로 일하자는 구호가 존재하는 것은, 시스템적으로 일한다는 것에 대한 올바른 정의와 그 구현방법을 알지 못하기 때문이다.

반면, 내가 이 책에서 주요 소새로 삼은 도요타자동차에서 일하는 사람들은 그들이 일하는 방식에 있어서 항상 '시스템' 구축을 염두에 두고 있다고 할 수 있다. 이때의 시스템은 전산화를 의미하지 않는다. 그러나 정보동신기술(ICT, Information Communication

Technology)이 발달한 오늘날에 전산화를 배제해야 한다는 말 또한 아니다. 그렇다면, 토요타의 사람들은 이 시스템, 안정적인 인풋으로 동일한 결과가 반복적으로 나오는 구조를 만들기 위해서 어떤 요소를 활용하고 있는 것일까?

시스템을 구축하기 위한 4요소

시스템을 구축하기 위해서는 다음의 4요소를 반드시 기억할 필요가 있다.

① 기준 혹은 룰
② 정상 확인 도구
③ 이상 고지 도구
④ 책임자

첫째, 시스템적으로 일하기 위해서는 그 일에 대한 기준과 룰이 명확하게 정의되어 있어야 한다. 사람에 따라서 다른 결과가 나오는 것은 사람에 따라서 일하는 방식이 다르기 때문이다. 앞서 말한 바와 같이 측정할 수 없는 것은 경영하거나 관리할 수 없다. 그러기 위해서는 그 대상을 측정 가능한 정량적으로 파악할 필요가 있으며, 무언가를 측정하기 위해서는 반드시 측정 기준, 즉 잣대가 필요하다. 모든 업무에 반드시 명확한 기준과 룰이 있어야 하는 이유가 바로 이것이다.

둘째로, 정상 확인 도구란 그 주어진 기준과 룰이 현업에서 잘 지켜지고 있는지를 확인할 수 있는 도구를 말한다. 사람은 누구나 합리적이기 때문에 해도 되는 일과 안 해도 되는 일이 있다면 안 하는 쪽을 선택하게 된다. 따라서 확인할 수 없는 룰은 결국 룰이 없다는 것과 마찬가지의 상황을 낳는다. 상사가 반드시 확인하는 문화를 가지고 있는 조직일수록 조직의 효율성과 신뢰성이 높다는 말이 그래서 나온다. 그러나 조직이 커질수록 상사가 일일이 모든 것을 확인하기 어려우므로, 더욱 더 이러한 정상 확인 도구를 시스템 안에 넣어야 한다. 이것은 곧 지킬 수 있는 룰이나 기준을 주어야 한다는 것과도 상당히 깊은 관계를 가지고 있다. 지킬 수 있는 룰인지 아닌지의 여부를 확인하는 방법은 의외로 간단하다. 그 일을 자신이 직접 해보면 된다. 그래서 토요타에서 리더의 역할에 대한 정의는 다음과 같다.

"해보고, 해보이고, 할 수 있도록 하라."

직접 해보고, 할 수 있는 즉, 지킬 수 있는 기준과 룰을 부여하되, 그것의 정상 여부를 반드시 확인할 수 있도록 그 수단을 강구하라는 것이다. 아마도 많은 분들이 눈치 챘겠지만, 바로 여기서 '가시화'가 중요한 역할을 하게 되는 것이다. 공장이든 사무실이든, 도요타에서는 진도관리판을 통해 정상 여부를 판단하는데 이는 그 하나의 예에 불과하다.

셋째로, 이상 고지 도구인데, 이것은 기준이나 룰에서 벗어난 상황이 발생했을 때 그것을 알려주는 도구라 할 수 있다. 가장 쉬운 방식은 이상이 발생했을 때 빛과 소리로써 알려줄 수 있는 도구를 만드는 것이다. 토요타자동차의 현장에서 사용되는 안돈(전광판, 현황판)이나 사무부문에서 활용되는 비주얼 매니지먼트 도구인 태스크보드가 그 대표적인 사례이다. 공장에서 사용되는 설비들이 이상이 발생했을 때 소리를 내며 자동으로 정지하는 구조의 원점은 토요타의 자동화이다. 이것을 사람이 일하는 영역으로 확대해야 한다는 것이다.

마지막으로 책임자인데, 이상을 정상으로 회복시킬 책임을 지는 사람을 말한다. 모두의 책임은 아무의 책임이 아니듯, 반드시 하나의 기준, 룰에는 그 결과에 대해 책임을 질 사람이 필요하다. 여기서의 책임이란 이상을 정상으로 복귀시키는 것, 그리고 현상과 목표 사이의 갭을 메움으로써 목표를 달성하기 위한 개선 활동을 말한다. 사무부문에서는 권한과 책임의 이양이 많이 이루어져 있는 경우라면 담당자가 책임자가 될 수 있으나, 제조업 현장이나 서비스업 매장에서라면 이때의 책임자는 감독자 혹은 관리자가 된다. 왜냐하면 제조업에서의 현장사원이나 서비스업에 종사하는 프론트라인의 사원들은 대개 주어진 작업표준이나 매뉴얼대로의 행동을 요구 받기 때문이다. 물론 보다 나은 결과를 낳기 위한 제안이나 서프라이즈 서비스에 대한 행동은 장려되는 것이 일반적이다.

토요타식 시스템 업무의 시작, 자동화(自働化)

내가 일본 나고야에 있는 토요타자동차 기업 연수를 가게 되면 항상 방문하는 곳이 있다. 바로 산업기술기념관이다. 섬유기계와 자동차를 통해 산업기술의 발달사를 이해할 수 있도록 토요타그룹 13개사가 출자해서 만들어놓은 기념관이다.

토요타그룹의 뿌리는 토요타자동직기로 불리는 섬유기계에 있

그림 12. 나고야에 있는 토요타자동차 산업기술기념관

고, 지금의 토요타그룹을 만든 것은 자동차산업을 통해서 얻은 결실이기도 하다. 그러나 이곳에서 섬유기계와 자동차를 전시해두는 데에는 또 다른 이유가 있다. 그것은 바로 토요타생산방식(TPS, Toyota Production System)의 가장 핵심적인 개념인 자동화(自働化, Autonomation)와 JIT(Just in time)가 각각 섬유기계와 자동차산업을 전개하는 과정에서 얻어졌기 때문이다.

자동화는 이상이나 불량이 생기면 기계나 설비가 그것을 스스로 검지하고 멈추는 것을 말한다. 그 역사는 다음과 같다.

1896년에 토요타 사키치(豊田佐吉)가 자동직기를 발명한다. 잘 알려진 바와 같이 산업혁명이 영국의 방직산업을 중심으로 진행되었기 때문에 자동으로 천을 짜는 자동직기는 이미 세상에 존재했다. 하지만 실이 끊어지거나 밑실(위사)이 다 소모되었을 때에도 이 직기가 계속해서 작동을 했기 때문에, 이를 조치하기 위해서 여공이 한 사람씩 직기 앞에 배치되어야 했다. 일반적으로 이러한 상태를 '원 맨 원 머신(One man, one machine)'이라고 한다. 그런데 사키치는 실이 끊어지거나 밑실이 다 소모되었을 때, 이를 검지하고 멈출 수 있는 직기를 발명한 것이었다. 즉, 사람의 자율신경과 같이 움직인다고 해서, 움직일 동(動) 자에 사람인 변(亻)이 붙은 자동화(自働化)라고 한 것이다. 결과적으로 감시 작업을 할 필요가 없어져 한 사람의 여공이 여러 대의 직기를 담당할 수 있게 되었고, 처음에 영국의 10분의 1 정도의 생산성에 불과하던 일본의 방직산업이 10배의 생산성 차이를 극복하고 영국의 방직산업을 추월할 수 있었던 것이다. 정리하자면, 자동화(自働化)의 첫 번째 의미는 바로 '오토 스톱(Auto Stop)' 기능이라고 할 수 있다.

이렇게 처음에는 설비에 적용되던 개념을 사람이 일하는 수작업 라인에는 어떻게 적용할 것인가 하는 문제에 봉착했고, 그 해답이 바로 현재 토요타자동차의 조립라인에서 쉽게 볼 수 있는 '라인 스톱(Line Stop)' 제도이다. 수작업라인에서는 사람이 일을 하므로 이상이나 불량을 가장 잘 알 수 있는 작업자에게 라인을 세울 수 있는 권한을 주게 된 것이다. 다른 기업에서는 좀처럼 볼 수 없는 장면이기도 하다. 하지만 라인을 세울 것인가, 말 것인가에 대한 의사결정이 늦어지는 사이에 대량의 불량이 발생한다는 것에 비하면, 토요타의 라인 스톱 제도는 이상이나 불량이 생긴 순간에 그 자리에서 라인을 세울 수 있어 품질 향상에 상당한 공헌을 하게 된다. 따라서 자동화의 두 번째 의미는 '공정 내 품질확보(Built in Quality)'라고 할 수 있다. 제조업에서 라인을 세운다는 것이 자랑만은 아닌 만큼 왜 세우느냐 하는 본질적인 질문을 던져보면 쉽게 이해가 갈 것이다. 그것은 라인을 세워서라도 이상이나 품질문제를 해결하고 다음 프로세스로 넘기겠다는 것이다. '품질은 해당 공정에서, 해낭 프로세스에서 확보해야 한다. 절대로 다음 공정, 다음 프로세스로는 불량을 넘기지 않겠다'는 사상으로 확대되었다. 그렇게 '품질의 토요타'라는 이미지가 만들어진 것이다.

시스템의 4요소와 토요타의 자동화

토요타의 자동화를 설명하는 과정에서 나는 시스템의 4요소를 추가로 설명하려 한다. 다음의 [그림13]을 보자.

사진에 등장하는 이 직기는 사키치가 개발한 자동직기이다. 사람 인변(亻)이 붙은 자동화의 개념이 적용된 것으로, 이 직기가 개발되기 전에는 그야말로 그냥 자동직기, 즉 '오토메틱 룸(Automatic Loom)'이었다.

앞에서도 말한 바와 같이, 기존의 자동직기는 계속해서 움직이기만 했기 때문에, 여공이 기계 한 대당 한 명씩 배치되어 실패가

그림13. 토요타 사키치가 개발한 자동직기

다 소모되었을 때나 경사가 끊어졌을 때 재빠르게 이를 인식하고 기계를 세운 뒤 조치를 하지 않으면 안 되었던 것이다. 그 문제를 토요타 사키치가 해결하고, 그 개념을 인변이 붙은 자동화, 영어로는 Automation과 대비하여 Autonomation이라는 이름으로 부른 것이다.

사키치의 직기는 기본적으로 실패의 실이 다 소모되거나 경사가 끊어지면, 기계 스스로가 이상을 검지하고 멈추는 기능을 가지고 있다. 그렇게 해서 여공들의 감시 작업을 없앤 것이다. 경사가 끊어진 것을 어떻게 직기가 감지하는지를 살펴보기로 하자.

〔그림14〕의 시뮬레이터에는 이해를 돕기 위해 4가닥의 경사가

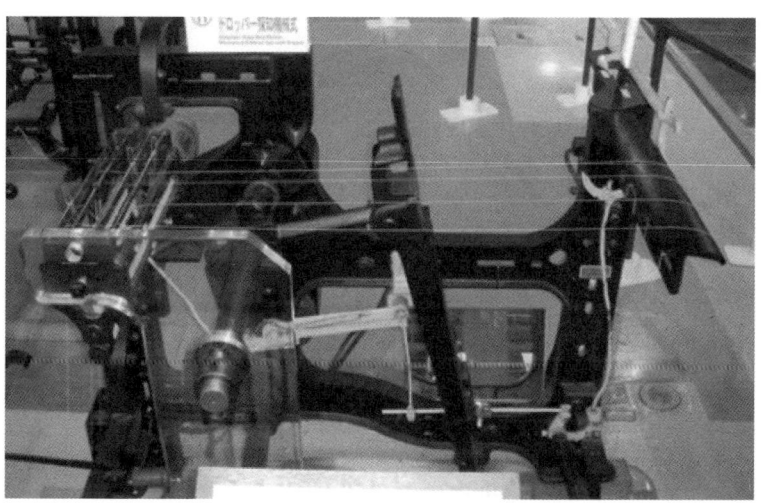

그림14. 경사(세로실)절단 자동 정지 장치 시뮬레이터

설치되어 있다. 그리고 빨간 실이 끊어지는 역할을 한다. 실이 끊어지지 않을 때에는 직기가 정상적으로 움직이다가 실이 끊어지면 기계가 이를 감지하고 멈추는 구조이다. 시뮬레이터의 스위치를 누르면 직기가 저절로 움직이기 시작한다. 몇 번인가를 왕복하다가 사진 속 빨간 실이 밑으로 축 처지며 끊어지면, 이내 직기는 멈춘다.

시스템의 4요소를 이 직기에 대입해보면, 기준, 룰은 '실이 끊어지면 멈추라'는 것이 된다. 그렇다면 실이 끊어지지 않았다는 것을 감지하는 정상 확인 도구와 실이 끊어졌을 때 그 이상을 알리는 도구가 또한 있다는 것이다. 이상 고지 도구가 이상을 알리면 기계 자체가 책임자, 혹은 관리자의 역할로서 최종적으로 작동을 멈추게 되는 것이다. 따라서 정상 확인 도구와 이상을 알리는 도구를 확보하면 시스템 구축은 간단하게 이룰 수 있는 것이다. 그래서 사키치는 정상 확인 도구와 이상을 알리는 도구를 만들어 시스템을 구축한 것이다.

다시 [그림15]를 잘 들여다보자. 자세히 보면 경사 한 올 한 올마다 얇은 금속막대가 하나씩 걸려 있는 것이 눈에 들어올 것이다. 빨간 실이 끊어지면 장력을 잃은 금속막대가 밑으로 떨어지게 되리라는 것을 쉽게 짐작할 수 있다. 그것이 이상을 알리는 도구가 되어 직기를 멈추게 하는 것이다.

정상 확인 도구는 바로 이 쇠톱 같이 생긴 축이다. 전후로 정확히

약 6센티미터 정도의 거리를 왕복운동하면서 정상을 확인한다. 그러다가 빨간 실이 끊어지면, 이 실에 걸려 있던 저 얇은 금속막대가 아래로 떨어지면서 쇠톱 같이 생긴 축의 운동거리를 좁히게 된다. 그 순간 금속막대가 이상을 알리는 도구의 역할을 하게 된다. 그리하여 이내 직기가 멈춘다. 이 시뮬레이터를 통해 우리는 시스템의 4요소를 눈으로 확인하면서 쉽게 이해할 수 있다.

토요타자동차와 그 협력업체들의 개선 사례는 모두 이 시스템의

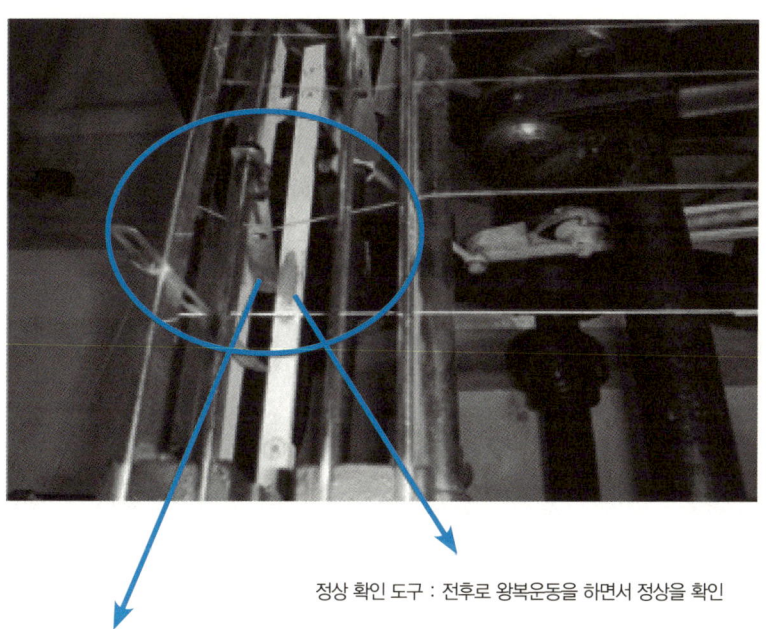

정상 확인 도구 : 전후로 왕복운동을 하면서 정상을 확인

이상 고지 도구 : 바가 떨어지면서 이상을 알림

그림 15. 직기에 장착된 정상 확인 도구와 이상 고지 도구

4가지 요소를 자신들의 현장에 구축하고자 한 노력의 결과물이다. 이는 토요티즘을 이해하고 실행하는 가장 중요한 개념이니 꼭 기억해둘 필요가 있음을 강조하고 싶다.

이상의 4가지 요소(사실, 대부분의 경우 정상 확인 도구와 이상 고지 도구는 한꺼번에 그 목적이 달성되는 경우도 많다)를 갖추었을 때 비로소 시스템을 구축했다고 할 수 있으며, 그렇게 일을 할 때에 시스템적으로 일한다고 할 수 있다.

결과적으로 이러한 방식에서의 업무는 자연스럽게 정상은 관리하지 않고, 이상에만 대응하는 관리로 업무의 중심이 옮겨갈 수 있음을 알 수 있다. 현업에서는 이상 대응 관리 방법을 '변화점 관리'라고 하며, 미연 방지와 돌발문제에 대한 재발 방지라는 두 개의 축으로 활동을 하고 있다.

토요타에서는 물건을 만드는 제조라인을 가시화하는 것과 마찬가지로, 정보를 만드는 제조라인(사무간접 부문)의 가시화를 통해서 문제를 드러내고, 문제의 원인을 찾고, 이를 해결하려는 노력이 지금도 계속되고 있다.

Chapter 9

시스템의 성패는
가시화에 달려 있다

문제를 드러내기만 해도 많은 것들이 해결된다

《벌거벗은 임금님》이라는 안데르센의 단편동화를 모두 잘 알고 있을 것이다. 그 내용은 다음과 같다.

> 어느 무능하고 옷만 좋아하는 황제가 있었다. 어느 날 황제 앞에 세상에서 가장 아름다운 옷감으로, 세계 제일의 옷을 만들 줄 안다고 주장하는 두 재단사가 나타났다. 황제는 기뻐하며 그들에게 거액의 돈을 주면서, 그 옷감으로 멋진 옷을 만들어 오라고 시킨다. 황제의 명을 받은 두 재단사는, "그 옷감은 구제불능의 멍청이에게는 안 보이는 옷감입니다"라고 못박아둔다.

그후 황제는 재단사들을 의심하여 신하를 보내 옷의 완성도를 체크하게 했다. 재단사를 염탐하러 간 신하의 눈에 분명 옷은 보이지 않았고, 그들은 허공에서 옷을 만드는 시늉만 하고 있을 뿐이었다. 하지만 신하는 혹 세상 사람들에게 자기가 바보로 보일까 두려워 옷이 만들어지고 있는 중이라고 거짓말을 했고, 이후 파견한 다른 신하들도 같은 이유로 옷이 보인다고 거짓말을 한다. 드디어 어느 날, 재단사들이 옷이 완성되었다며 황제에게 선사한다.

하지만 황제 역시 옷이 안 보이긴 마찬가지! 하지만 신하들이 그동안 옷이 보인다고 했으니 자기만 안 보인다고 하면 사람들이 자신을 바보라고 손가락질할 것이 두려워 황제도 아름다운 옷이라고 극찬한다. 그리고 황제는 재단사들이 입혀주는 그 옷을 입는다. 물론 재단사들은 입히는 시늉만 했고, 황제도 장단 맞춰 입는 시늉만 했다.

황제는 옷을 입고 거리 행차를 나가게 된다. 사실 길거리에 있던 사람들과 신하들 등 모든 이들의 눈에 옷은 보이지 않았지만, 자기들도 바보가 되고 싶지 않아 차마 말을 꺼내지 못하고 있었다. 그런데 한 꼬마가 "황제 폐하께서 벌거벗었다!"라고 소리쳤고, 드디어 그 자리에 있던 모든 사람들과 황제는 자신이 잘못된 것이 아니라 정말 옷이 없었다는 것을 인지하게 된다. 하지만 황제는 체통을 생각해 이를 무시하고 계속 행차를 이어나간다.

이 이야기의 본질은 임금이 허영심 가득한 바보라는 것이 아니라, 사실을 알고 웃어대는 한 아이를 제외한 모든 어른들이 바보라는 것이다. 그리고 놀랍게도 이 상황에 대한 '솔루션'은 아이의 웃음과 폭탄선언이었다. 단 한 번의 웃음으로 모든 어른들은 비로소 저 나름의 부끄러움에 눈 떴다.

거짓말이 어떻게 만들어지고, 확대재생산 되며, 그것이 마침내 사회나 조직의 지배적인 '당연함'으로 자리 잡아가는지를 알기 쉽게 보여준다. 그것은 곧 진실을 아는 것이 어려운 것이 아니라, 진실을 말하는 것이 어렵다는 것을 보여주는 것이기도 하다. 우리는 몰라서가 아니라 '불편'을 감수하기 싫어서, 혹은 '불리함'이 두려워서 말을, 행동을 못 하는 것이다. 안데르센은 마지막에 천진난만한 어린이를 등장시켜 아주 쉽게 '사실을 드러냄'으로써, 거짓의 기반이 얼마나 취약하며, 또 얼마나 간단하게 문제를 해결할 수 있는가를 보여주고 있다.

그럼 먼저, 거짓의 생성 과정과 확대재생산 과정을 보자.

이야기에서 임금의 첫 번째 명을 받고 옷의 제작 상황을 살피러 간 덕망 높은 신하는, 몇 번이고 자신의 눈을 비비며 빈 베틀을 뚫어져라 살피지만, 자신이 어리석은 자로 보여지는 것이 두려워 거짓말을 하고 만다. 이어서 다음 신하, 그리고 임금까지도 거짓의 확대재생산 과정에 참여하고, 거짓은 이제 자체 동력을 얻어 점점 정당화되고 증폭되면서 마침내 '사실의 자리'를 차지한다. 정말로 모두가 그것을 당연하게 사실로 여긴다.

이것은 기업에도 아주 똑같이 적용할 수 있다. 경영자와 관리자, 그리고 직원들 사이에서 지금도 빈번하게 일어나는 현상을 잘 보여준다. 조직 내에서 그 거짓을 부정하는 사람은 정신 나간 일탈자로 낙인찍히게 된다. 모든 이들에게 엄청난 무게의 지켜야 할, 혹은 숨겨야 할 '그 무엇'이 생긴 것이다. 그것은 밝혀지지만 않는다면, 보스에 대한 칭송과 그 충성에 대한 승인의 과정을 거치면서 놀랍게도 역으로 나를 보존하는 안전판 구실까지 한다.

그 잘못된 정보와 행동이 만들어낸 확신 속에서, 임금 혹은 경영자는 잘못된 판단을 내리게 된다. 바로 '거리 행차'다. 하지만 종국에는 그 판단이 단 한 사람(이야기 속에서는 진실을 말한 어린이)의 사실 폭로로 인해 결국 잘못되고 어리석은 판단이었음이 드러나는 비극으로 마무리된다.

바로 여기서 '가시화(可視化, Visualization)'의 중요성과 그 힘을 볼 수 있다. '사실'을 드러내기만 해도 많은 문제가 저절로 해결된다는 것이 토요타가 가시화를 그토록 중시하는 이유이다. 사람은 완벽하지 않은 존재여서, 실수할 수 있고, 권력 앞에 약해질 수 있으며, 자신의 성공을 위해 추악해지거나 표독해질 수도 있는 모든 '가능성'의 존재이다. 반면 단 한 번의 진실과의 대면만으로도 모두가 제자리를 찾을 수 있는 '가능성'의 존재이기도 하다. 매니지먼트는 바로 그 '가능성'에 투자하는 것이다.

사람이 아닌 매니지먼트의 문제이므로 시스템이 필요하다

가시화 혹은 가시경영이란, 일이 이루어지는 모든 공간에서 진행되고 있는 업무의 프로세스를 관리하기 쉬운 단위로 구성하고, 실태를 한눈에 파악할 수 있는 상태로 만드는 것이다. 이 가시화를 통해 문제의 소재를 누구나 알 수 있게 되고, 문제가 드러나기 때문에 가능한 한 '빨리', 개선과 매니지먼트 혁신, 전략적 결단을 '제대로' 할 수 있게 된다. '빨리'는 스피드, 즉 JIT 사상을 드러낸다. '제대로'는 품질, 즉 자동화의 사상을 드러낸다. 토요티즘의 양대 축인 자동화와 JIT를 개념이나 사상으로만이 아니라 구체적인 현실로 만들어주는 것이 바로 가시화, 즉 Visualization이다.

이상정보의 전사 단계에서 일하는 하류 프로세스에 대한 관리기술은 상당히 높은 수준에 도달해 있다. 그러나 이상정보의 창출 단계인 상류 프로세스, 이른바 사무직에 대한 관리기술은 그다지 높지 못한 것이 사실이다. 가장 큰 이유는 '일이 보이지 않기 때문'이다. 따라서 높은 수준의 매니지먼트를 실현하기 위해서는 다음의 6가지 요소들을 갖추어야 한다.

① 업무의 가시화
② 개선(비가치 업무, 비부가가치 업무의 배제 혹은 제거)

③ 업무의 흐름화(JIT추구, 시스템의 동기화)

④ 삼현주의(현장에서 현물을 보고 현상을 파악하라. 현장에 답이 있다)

⑤ 인재의 다능화(업무의 확장을 통한 동기부여)

⑥ 표준화(판단 기준의 공유화)

이 6가지는 그대로 업무생산성을 높이기 위한 프로세스이기도 하다.

먼저 업무를 드러낸다. 그러면 꼭 해야 할 일과 하지 않아도 될 일이 보인다. 자연스럽게 하지 않아도 될 일(비가치 업무, 비부가가치 업무)을 제거하자는 데 동의할 수 있다. 개인과 개인간, 부서와 부서간의 정체 때문에 전체 리드타임이 늘어난다는 것을 알게 되면 각각 업무의 흐름을 일정하게 맞추어야 한다는 결론에 다다른다. 과부족을 메우기 위해서는 한 사람이 다양한 업무 능력을 갖추어야 한다는 것도 쉽게 이해가 될 뿐 아니라, 이것이 인재육성의 근거가 되며, 강력한 동기부여의 수단이기도 하다. 그리고 그렇게 얻어진 결과를 표준으로서 모두가 공유한다는 것이다.

가시화의 가장 큰 효과는 조직 전체의 의식개혁을 이끌어낼 수 있다는 것이다. 사실 기계나 로봇의 일과 달리 사람의 일은 그 성과에 편차와 변동이 큰 것이 사실이다. 그것을 개인차로만 바라본다면 결국 책임도 개인에게 있으며 해고만이 답이 될 것이다. 하지만 그것을 사람의 문제가 아니라 매니지먼트의 문제로 본다면, 여기에도 시스템이 필요하다는 것을 알 수 있다. 그리고 시스템의 성패는 바로 가시화에 달려 있다.

여기서 중요한 것은 '가시화'이지 '감시화'가 아니라는 것이다. 가시화를 통해서 스스로 문제의 존재를 깨닫도록 함으로써, 생각하고, 발언하고, 행동하고, 반성하는 성장의 사이클을 돌릴 수 있도록 촉진하고자 하는 것이다. 결코 직원들의 일거수일투족을 감시함으로써 수동적이고 지시에만 반응하는 사람들을 만들려는 것이 아니며, 그래서도 안 된다. 사람을 바라보는 관점의 차이가 시스템 운용의 전반적 방향을 결정짓는다는 점에서 이것은 대단히 중요한 것이다. 가시화는 '타인에 의한 타율관리를 자신에 의한 자율관리'로 전환하도록 하는 철학이자 방법론임을 이해해야 한다.

기업은 가시화 활동을 통해, 일반적으로 수행력 향상과 조직 내 관계의 질 향상을 꾀할 수 있다. 미션, 비전, 전략, 목적을 이해하고, 그것을 기능적인 역량과 연동시킬 수 있는 조직이 퍼포먼스가 높은 것은 당연하다. 그러므로 조직이 직원들로 하여금 무엇이 필요한지, 그것을 어떻게 할 것인지, 언제까지 할 것인지를 스스로 결정하고 실행하도록 한다면 성공 문화는 저절로 구축될 것이다. 또 가시화는 고객이 진정으로 필요로 하고 원하는 것을, 원하는 때에, 원하는 만큼 제공함으로써 고객만족도를 높여야 한다는 기업의 목적을 인식하게 해준다. 나아가 철저하게 수행에 초점을 맞춤으로써 생산성을 향상시키고, 낭비되는 요소들을 제거함으로써 보다 효율적인 실행 문화를 만들 수 있게 해준다.

　가시화를 통해 직원의 만족도나 조직 내 관계의 질이 좋아진다는 것은, 지속가능한 경영이라는 측면에서 더욱 더 중요한 의미를 갖는다. 사람은 누구나 승리하는 팀에 합류하고 싶어 한다. 다소 방관적인 사람들조차도 누군가 열성적으로 혁신을 위해 노력하고, 그 노력의 긍정적 효과를 목격할 때, 그리고 자신도 참여할 때, 자신의 기여를 조직이 인정한다고 느낄 때, 일과 조직에 대한 태도를 바꾼다. 일에 대한 집중력이 높아지는 만큼 만족도도 높아지는 것이다. 그리고 직원들 모두가 목표 달성을 위해 어떻게 동료와 밀착해서 일할 것인지를 이해하고, 신뢰도 또한 증가하게 된다.

　무언가를 하려고 하는 사람들에게 가시화는 야구장의 전광판 같은 역할을 한다. 자신이 어떤 상황에 있든지 즉시 모든 상황을 한눈에 파악할 수 있고, 그에 대한 조치와 태도를 결정할 수 있도록 도와준다. 하지만 무언가를 하려고 하지 않는 사람들에게 가시화는 CCTV와 같은 느낌을 줄 것이다. 가시화를 감시화로 만드는 것은 조직이 아니라, 어쩌면 구성원이다. 경영자가 모든 것을 통제하고자 하는 것이 목적이 아닌 이상, 가시화에 대한 반감은 결국 자신의 태도와 관련 있을 가능성이 크기 때문이다.

　또한 경영자도 가시화를, 결과를 두고 개인의 실적을 평가하는 수단으로 쓰는 하수경영을 하기보다는, 앞 단계에서 실행력을 높여서 모두가 승리자가 되도록 하는 고수경영을 해야 할 것이다.

이렇게 전사적인 가시화를 구축한 토요타가 관심을 갖는 것은, 전체 최적화를 위해 일의 방식을 어떻게 달성할 것이냐에 관한 것이다. 다음 장에서는 목표를 달성하는 수단으로서 조직을 어떻게 구성할 것인지에 대해 살펴보기로 하자.

Chapter 10

애플과 구글, 토요타의 기능횡단 조직을 모방하다

-
-
-

토요타를 다시 일으켜 세운 오베야방식

'G21'.

1990년대 초에 토요타가 21세기에 대비한 신개념 자동차 개발을 목표로 시작한 비밀프로젝트의 이름이다. 단기목표는 기존 차량에 비해 연비를 2배 이상 높인 자동차를 개발하는 것이었다.

이러한 신개념 자동차 탄생의 계기를 만든 사람은 당시 상품기획부장 이노우에(井上)였다. 당시는 엔고 현상으로 인해 이익이 제로가 될 정도의 심각한 상황이었고, 재무부문의 비용 압박도 매우 심했다. 잔업을 줄이라는 규제가 전사적으로 시행되어, 기술부도 잔업을 규제하라는 이야기가 나올 정도였다. 이노우에 부장은, "무엇인가 새로운 일을 하려고 해도 '기존에 있는 것을 활용하라. 돈이 드는 새로운 시도는 해서는 안 된다. 어떻게든 원가를 줄여라' 라는 VE 일변도의 업무만을 수행하던 시기였습니다"고 회상했다. 그는 이러한 상황에서는 VE를 강력하게 추진하는 것이 당연한 일이지만, 이래서는 안 된다고 생각했다. 기술자로서의 꿈을 잃고 사는 것은 한심한 일이라 생각한 직원들은 사기도 점점 떨어져 갔다. 그런 때에 이노우에 부장이 나서서 '이런 상태로는 상품기획이고 뭐고 아무것도 안 된다며 신규 프로젝트를 추진'할 것을 제창한 것이다.

일반적으로는 새로운 차를 개발할 때는, 이미 있는 부품을 사용하기 마련인데, 그는 "이번에는 전부 새로운 설계를 해서 완전히 새로운 차를 만들어보자"고 제안했다. 이런 제안에 대해 토요타 에이지(豊田英二) 명예회장이 적극적으로 지지해줌으로써 정식으로 프로젝트가 시작된 것이다.

토요타는 'G21'의 기술책임자로 자동차 개발과 디자인 경험이 전혀 없는 우치야마다 타케시(內山田竹志)를 발탁했다. 소음, 진동 분야에서만 경험을 쌓아온 그를 선택한 토요타 경영진의 의도는 각별한 것이었다. 신개념 자동차를 개발하기 위해서는 기존 개발시스템에 젖어 있지 않은 '새로운 인물'이 적합하다는 판단을 내린 것이었다. 모험은 그렇게 시작되었다.

그리고 결과적으로 그를 기용한 것은 성공했다. 그는 이른바 '오베야 시스템(QVS, Quickening Visualization System, 거실방식)', 즉 G21

그림16. 오베야방식 개념도

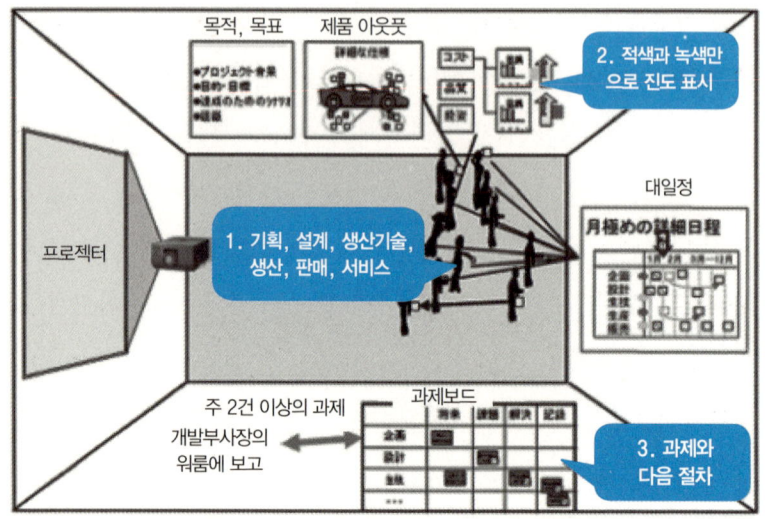

에 참여하는 '모든 기술자가 하나의 공간에 모여 실시간으로 토론하는 방식'으로 프로젝트를 진행했다. 우치야마다는 나이와 직급에 상관없이 자유롭게 토론할 수 있는 분위기를 연출했다. 즉석토론으로 의사결정이 가능하게 되면 프로젝트는 확실히 효율적으로 진행된다. 클레이모델의 제작에서 제품생산 개시에 이르기까지의 기간은 겨우 15개월이었다. 세계 최초의 하이브리드 자동차인 '프리우스'는 그렇게 탄생되었다. 당시 미국 자동차회사의 신차 개발기간이 5~6년인 것을 감안하면 놀라운 수준이었다. 토요타가 하이브리드 자동차를 경쟁회사보다 2년 빨리 내놓을 수 있었던 비결은, 기존의 업무관행에서 과감히 탈피한 '오베야방식'에 있었던 것이다. 토요타자동차가 가진 강점의 원천 중 하나인 이 오베야방식은 현재는 전세계로 보급되어 진화를 거듭하고 있다. 포드, 볼보, GM, 할리데이비슨 등 많은 기업들이 제품개발과 판매, 서비스 등의 품질향상과 효율화를 목적으로 오베야방식을 도입했다. 각 기업들의 현지 사정에 맞추어 진화함으로써 큰 성과를 거두고 있다.

토요타의 혁신적 팀플레이, 주사제도

1998년 외환위기 사태 이후 우리나라에서는, '스피드를 중시하는 시대에 피라미드형 조직은 시대에 뒤떨어진다'는 시각이 널리 퍼지게 된다. 이후 '톱 1인을 제외한 나머지 전직원은 평등하게, 각자가 IT로 연결되어 일하는 플랫형·네트워크형 조직이 바람직하다'는 사고방식에 익숙해졌다. 스티브 잡스나 이건희 회장으로 대표되는 애플이나 삼성이 그러한 이미지의 성공 사례라고 할 수 있다.

  모든 결정 권한을 한 사람에게 집중하는 체제는 확실히 의사결정이 빠르고, 변화가 극심한 시대에 적합한 측면도 없지 않아 있다. 그러나 한편으로는, 직원 전원이 원톱의 지시를 기다리기만 할 뿐 스스로 판단하지 않게 되어, 결과적으로 차세대 리더를 육성할 수 없다는 구조적 결함이 있는 것도 사실이다. 게다가 조직이 커지면 커질수록 관리의 눈길이 닿지 않는 곳이 늘어나고, 내부 경쟁에 의해 누구도 다른 사람의 사정을 보려 하지 않으며, 사람이 육성되지 않기 때문에 조직력이 점점 약화되는 문제가 생기기 쉽다. 이건희 회장을 대신하여 삼성을 이끌기 시작한 이재용 부회장이 '싱글 삼성 문화 타파'와 '컬러풀 삼성 추구'를 새로운 캐치프레이즈로 내세운 것도 그러한 고민의 결과라고 생각한다.

이러한 수직적인 관점에서의 플랫화의 약점을 보완하기 위한 것이 바로 수평적 관점에서의 '프로젝트형 조직', 기능별 조직이 아닌 '제품별 매트릭스 조직'이라고 할 수 있다.

토요타는 프로젝트형 업무 추진에 강하다. 무언가 과제가 정해지면 이 목표를 위해 프로젝트를 만들고, 민첩하게 실행하여 과제를 처리한다. 조직명 앞에 'BR'이라는 알파벳이 붙은 조직이 바로 프로젝트 조직이다. BR이란 비즈니스 리폼(Business Reform)의 약자로, 관련 부서에서 사람을 모아온 '기능횡단적(技能橫斷的) 조직'을 말한다. 토요타에서는 크고 작은 여러 BR조직이 기동력 있게 편성되어, 종횡무진 활약하고 있다. 겉으로 드러난 조직도상의 조직이 오늘의 목표 달성에 전념하는 한편으로, 드러나지 않은 BR 조직은 미래를 창조하기 위한 구체적인 테마를 맡아서 기간을 한정해 집중적으로 활동한다. 거대조직인 토요타가 경직화되지 않고, 하이브리드 자동차나 연료전지차 분야에서 세계를 리드할 수 있는 비밀은 바로 이 BR이라는 드러나지 않은 조직이 있기 때문이다.

지금은 이른바 TFT(Task Force Team)나 CFT(Cross Functional Team)와 같은 임시적이고 기능적인 조직을 운영하지 않는 기업이 없으니 이런 설명을 듣고 웃을지도 모르지만, 토요타가 기능횡단적 조직을 만들어서 60년 이상 지속해온 '주사제도(主査制度, 현재는 많은 기업에 도입되어 있으며, '수석 엔지니어(Chief Engineer) 제도'라고도 한다)'를 처음으로 도입한 해는 1953년의 일이었다.

토요타는 1953년부터 소질이 있는 인재를 뽑고, 기르고, 각 전문 분야의 프로페셔널을 모아 뛰어난 상품을 창출해내는 '주사제도'를 도입했는데, 이 주사제도는 단순한 조직의 형태가 아니라 인재의 탤런트(재능)를 고려하여 운영되는 특별한 제도이다. 어느 특정한 한 사람에게, 담당하는 제품의 모든 사항(개발, 생산, 판매, 서비스)에 대해 전권을 제공하는 식으로 운영되고 있으며, 토요타자동차의 초대회장을 역임한 토요타 에이지는 주사(主査)에 대해서 다음과 같이 말했다.

"주사는 제품의 사장이며, 사장인 나는 주사의 조력자이다."

말하자면 주사는, 담당차종에 대한 기획(상품계획, 제품기획, 판매기획, 이익계획 등), 개발(공업의장, 설계, 시작, 평가 등), 생산 및 판매(설비투자, 생산관리, 판매촉진 등)의 전반을 주도하고, 그 결과에 관해서 모든 책임을 진다. 주사의 담당분야가 기술분야에만 머물러 있지 않기 때문에, 그 점에서는 개발부서의 일반적인 수석 엔지니어나 상품 매니저(Product Manager)와도 다르다. 이 주사제도는 1953

년에 도입한 이래 그 조직의 이름이 주사실, 제품기획실, 개발센터 등으로 바뀌어 현재에 이른다.

그런데 놀랍게도 이 주사는 자신의 직속 부하직원인 주사보에 대해서만 인사권을 가지고, 기획, 개발, 생산, 판매와 관련된 부서의 프로젝트팀 멤버들에 대해서는 단 한 사람의 인사권도 가지지 않는다. 그에게 주어진 권한이란 '설득하고, 조정할 권리' 뿐이다. 그래서 주사는 '왜 그것이 필요한가', '왜 이 프로젝트의 성공 확률이 높다고 볼 수 있는가'를 일관되게 설명할 수밖에 없다.

주사에게 인사권과 명령권을 부여하지 않는 이유는, '주사의 제안이 타당한 것이라면 반드시 상대방이 납득할 것이고, 주사가 성심성의를 다해 설명하면 반드시 상대방이 이해할 것'이기 때문이라고 한다. 그래서 주사는 자신의 방침을 실행하기 위해 '타당한, 그리고 상대방에게 메리트를 줄 수 있는 제안을 생각'하거나, '성실한 인간성과 성공 실적을 쌓아 설득력을 높이는 활동'을 함으로써 주사로서의 능력을 갖추어 나가는 것이다. 만약 주사의 인격과 실적이 인정 받고 있는 경우라면, 비록 주사의 설명에 설득력이 부족하더라도, '저 주사가 이렇게까지 이야기한다면 믿고 들어주는 것이 좋겠다'고 마무리되는 경우도 있다고 한다. 반대로 사내에서나 협력업체의 신임을 얻지 못하는 경우에는 주사직에서 물러나야 한다.

이토록 하나의 제품에 대해 전권을 가지고 일을 추진하는 주사에게 요구되는 능력이란 도대체 얼마나 폭넓은 것일까? 초대 카롤라 주사였던 하세가와(長谷川)가 남긴 '차량 주사 10개조'를 보면 그 범위를 어느 정도 가늠할 수 있다.

1) 주사는 자기 자신의 방책을 가지고 있어야 한다. '잘 부탁한다'만 으로는 사람이 따르지 않는다.
2) 주사는 항상 폭넓은 지식, 시야를 가져야 한다. 때로는 전문분야 이외의 지식, 식견이 대단히 중요하다. '전문분야 외의 전문분야'를 가지려는 노력을 하라.
3) 주사는 그물을 넓게 치는 것을 습관화해야 한다. '대국적인 관점에서 어디부터 착수해야 하는가'에 따라 미래가 결정되는 경우가 있다.
4) 주사는 전지전능을 추구하라. 가슴을 펴고, 처음부터 도망갈 구멍을 찾는다는 인상을 다른 사람에게 주어서는 안 된다.
5) 주사는 끊임없는 반복을 두려워해서는 안 된다. 자신에 대해 '매일 반성'하고, 상사에 대해 '끊임없이 설득'하고, 협력자에 대해 '계속해서 이해를 구해야' 한다.
6) 주사는 일에 대한 책임을 다른 사람에게 돌려서는 안 된다. 실패한 이유는 권한이 없어서가 아니라 설득력이 없기 때문이다. 결과를 두고 타인에게 화를 내서는 안 된다.
7) 주사는 자신에 대해 자신감(신념)을 가져야 한다. 흔들리지 마라. 흔들려도 얼굴에 드러내지 마라.

8) 주사와 주사보는 동일인격이다. 꾸짖으려면 자신을 꾸짖어라.

9) 주사는 요령을 부려서는 안 된다. 안면이나 뒷거래나 직권으로는 오래가지 못한다.

10) 주사에게 필요한 특성 : 지식, 기술력, 통찰력, 판단력(가능성), 결단력, 도량, 경험과 실적(실패도 포함)과 신념, 감정적이지 않을 것, 냉정할 것, 때로는 자신을 죽이고 참을 것, 집중력, 통솔력, 유연성, 표현력, 설득력(정답은 없으므로 개성을 살려라), 무욕에의 욕구(자리를 위해서가 아니라 회사를 위해서 일하라).

이런 상사가 있다면 어떨까. 내 자신이 이런 사람이 된다면 어떨까. 한번 생각해볼 만한 주제다. 일본에서는 이렇게 실력과 능력을 갖춘데다, 인간적인 도량이나 사람을 끌어들이는 인간미까지 갖추는 것을 '인간력'이라고 한다. 즉, '실력＋매력 ＝ 인간력'라고 이해하는 것이 빠르겠다. 이러한 인간력을 갖춘 사람을 길러내야 한다는 것은 기업의 입장에서 볼 때 간단한 일은 아닐 것이다.

토요타의 일하는 방식, 횡적연계 중심 프로젝트형 업무

인간력을 갖춘 인재를 길러 조직의 미래를 준비하는 토요타의 '프로젝트 단위로 일하는 방식'을 그림으로 나타내면 [그림17]과 같다.

예를 들어 한 사람이 주사가 되면 각 기능조직에서 필요한 인원을 뽑게 된다. 그럴 때에 누구 밑에서 일할 것이냐 하는 선택의 문제에 있어서 주사가 보유한 인간력은 부하직원들에게 있어서 중요한 판단의 기준이 될 수 있을 것이다. 개발 – 생산준비 – 생산 – 판매 – 서비스라는 일련의 프로세스가 진행됨에 따라 자신의 업무가 종료되면, 해당 선발인원은 기존의 소속부서로 되돌아가 오늘의 목표를 달성하는 업무를 담당하거나 다른 프로젝트를 지원하는 업무를 맡게 된다. 예를 들어 2016년형 캠리 하이브리드를 개발, 생산하는 프로젝트에 관여된 모든 사람들은 그가 개발자이든, 생산기술자이든, 제조기술자든, 영업사원이든 모두가 해당 제품에 대해서 책임을 지지 않으면 안 된다는 측면에서 업무의 몰입도와 달성

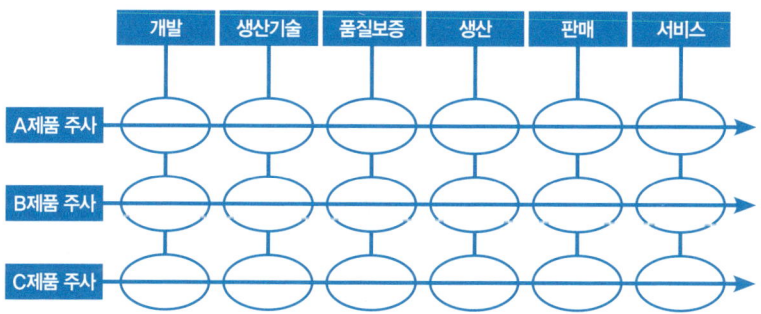

그림17. 토요타 주사제도의 기능횡단 조직

도에도 상당한 차이가 날 것이다. 그러한 프로젝트에 참여한 관계부서원들은 자연스럽게 팀이라는 생각을 가지고, 부서 이기주의를 넘어서 전체 최적화의 관점에서 해당 제품에 대한 성공에 헌신하고, 애정과 긍지를 가지게 될 것이다.

마찬가지로 오늘의 목표를 달성해야 하는 각 부문별 기능조직에

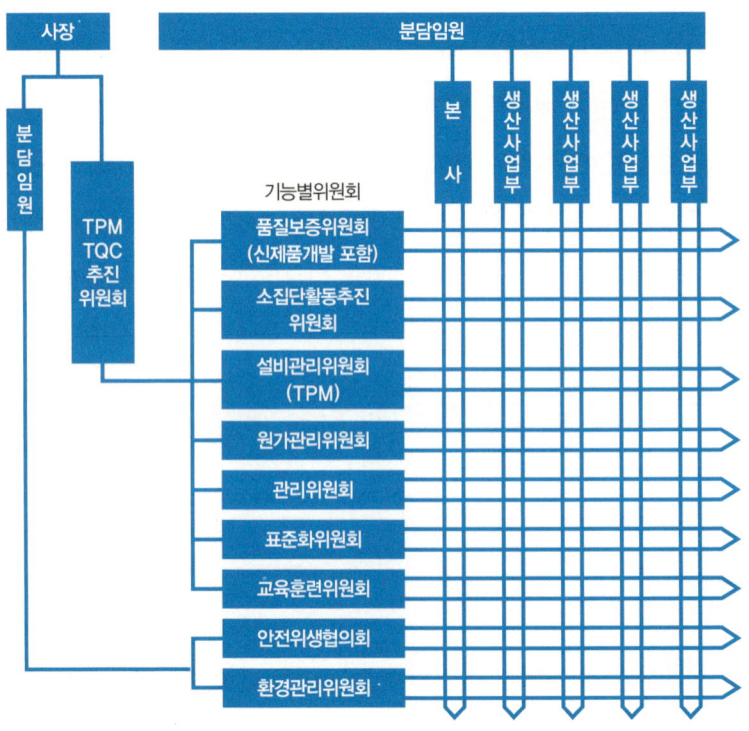

그림18. 부문별 문제해결을 위한 각종 기능횡단형 위원회 사례

서도 문제해결에 초점을 맞추어 기능횡단적으로 일하기 위해 각종 위원회를 둔다. 그것을 이미지로 표현하면 〔그림18〕과 같다.

오늘의 목표를 달성하는 기능별 조직과 각 위원회, 그리고 내일을 준비하는 주사제도의 제품별 조직을 한꺼번에 표현하면 〔그림19〕와 같다.

이상에서 보았듯이 토요타는 프로젝트형 업무방식을 일찍이 도입해 60년 이상 시행해온 것이 분명하다. 물론 먼저 시작했다는 것만으로 잘한다고 보장할 수는 없다. 그럼에도 토요타가 BR 조직과 같이 프로젝트형 업무를 잘한다고 말할 수 있는 이유 중 하나는, 토

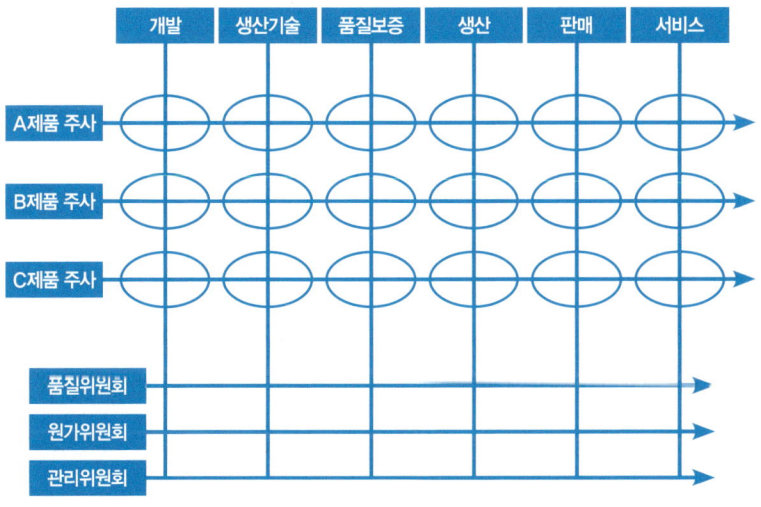

그림19. 토요타의 일하는 방식, 횡적연계를 중시하는 프로젝트형 업무

요타 내부 기업문화로서의 '인맥 구축 지원 시스템'이라고 부를만
한 요소가 있기 때문이다. 프로젝트의 중요성이 아무리 높다고 해
도 전혀 모르는 사람들을 모아두기만 해서는 기대한 효과를 얻기
어렵다. 서로 잘 모르는 사람들을 모아놓고 '기탄없는 토론과 논쟁,
언성을 높이는 격론을 거쳐 최적 방안을 찾아보자'는 것은 구호만
으로는 이루어질 수 없다. 따라서 토요타가 프로젝트 조직을 운영
함에 있어 원활하게 진행되는 이유는, 사실 구성 단계 이전에 이미
어느 정도 상대방을 알고 있고, 서로간에 호감을 가지고 있던 멤버
들이 참여한다는 것에 있다. 토요타자동차는 일본 내 직원수만 7만
명에 달하는 거대조직이다. 부서가 다르면 다른 회사 사람이나 마
찬가지라고 해도 좋을 만큼 거대한 조직이지만, 토요타의 직원들
은 많은 사람들이 서로 알고 지낸다.

내가 일하는 글로벌비지니스컨설팅은 국내 컨설팅회사 가운데
유일하게 토요타그룹 출신 일본인 고문단을 자체적으로 운영하고
있는데, 토요타자동차 뿐만 아니라 토요타자동차의 협력사 출신 25
명의 고문단은 현역시절에도 서로 알고 지냈던 사람들이 많다. 그
룹 자주연구회의 각 회사 대표로서 함께 개선 활동을 실시한 것 등
이 배경이 되었다고 한다.

예전에 국내 모 그룹사에서 토요타의 인사노무 방식을 벤치마킹
하기 위해 나에게 연락이 와서 컨설팅을 진행한 적이 있었다. 현직
에 있으면서《토요타 노사 매니지먼트의 수출(トヨタ労使マネジメン

ト の 輸出)》이라는 책을 발간하기도 한 간코지 히로시(願興寺 ひろし) 선생을 모시고 총 4일에 걸쳐 깊이 있게, 토요타자동차의 노사관계와 노무관리의 철학과 방법론, 임금체계 등에 대해 이야기를 듣고 질의하는 시간을 가졌다. 1950년 도산 위기와 노동자 대투쟁을 통해 쓰라린 경험을 가지고 있는 토요타는 두 번 다시 그러한 노사간의 불신을 초래하지 않기 위해 많은 노력을 하고 있었다. 그러한 노력을 한마디로 표현한 말을 듣고 전율했던 기억이 난다.

"부하직원들이 왜 당신들보다 노동조합을 신뢰하도록 행동했는가?"

토요타에서 관리직 직원들에게 요구하는 것은 업무 능력만이 아니었다. 부하직원들의 의견에 귀를 기울이고, 현장의 목소리를 반영하며, 회사의 가치와 방침을 전달하는 역할을 맡은 사람에게 필요한 배려와 매력, 존중과 같은 인간미가 없다면 아무리 실력이 있고 능력이 있다고 하더라도 주변 사람들이 지지해주지 않게 된다는 것이다. 이른바 인간력을 갖추라고 요구한다.

제도와 체제로서의 노무관리가 아니라, 사람이 살아가는 자연스러운 일상업무 속에서, 직원들의 생활의 안정과 삶의 질 향상, 업무 속에서의 성취감과 스스로 성장하고 있다는 느낌을 갖도록 하는 기회의 제공 등 이른바 노동조합이 요구할 만한 것들에 대해 당신은 무엇을 했는가를 묻는 것이다. 2014년 결산 기준으로 토요타자동차의 직원 평균연봉은 794만 엔이다. 우리 돈으로 약 8,000만

원 정도가 된다. 생활의 안정이나 삶의 질 향상은 금전만으로 얻을 수 있는 것이 아니다. 오히려 직장인들을 질식시키는 것은 평가의 불공정성, 일의 성취감이나 자신이 성장하고 있음을 느낄 수 없는 직장 분위기, 상사나 동료와의 인간관계 등의 문제가 더 크다. 상사로서 그런 것들에 대해 어떤 관심을 가지고 있고, 어떤 대화 활동을 하였으며, 어떤 기회를 주었고, 어떻게 육성했는가라는 한 문장의 질문에 나는 아연했던 것이다.

미국 기업들이 횡적연계 시스템을 벤치마킹하다

정리하자면, 토요타는 기능별로 분단된 부서조직의 정보 단절과 부서 이기주의 등을 피하기 위해 1953년부터, 본격적으로는 1960년대부터 횡적연계를 중시하는 프로젝트형 업무를 운영하고 있다. 그러나 회사의 목표를 달성하기 위한 임시적이고 기능적인 조직과 달리, 평소부터 인간적인 교류와 유대를 가질 수 있는 수많은 비공식 그룹과 인간관계 활동을 통해 정보가 흐르고, 사람이 교류하고, 일이 진행되는 구조를 만들기 위한 노력을 멈추지 않았던 것이다.

비교해보면, 정보가 끊기고 커뮤니케이션이 없으며, 부서 이기주의가 만연하고, 그래서 되는 일도 없고 안 되는 일도 없다는 식의 냉소가 흐르는 조직이 얼마나 많은가? 물론 이러한 토요타의 문화에 대해, 노동자를 감시하는 구조이고, 종횡무진으로 사람을 묶어두는 구조라고 비판하거나 비난하는 사람도 있다.

하지만 이는 토요타의 구조와 정신을 제대로 파악하지 못해서 생긴 오해이다. 자신이 겪어보지 못한 일의 경험을, 자신의 좁은 경험에 빗대어 생각하는 좁은 시각일 뿐이다. 토요타의 횡적연계를 중시하는 프로젝트형 업무는, 부정적 시각으로 일하는 직원들을 감시하고 옥죄기 위해 만들어낸 제도가 아니다. 오히려 긍정적 시각을 바탕으로 직원들이 다양한 분야에서 일을 배우고, 많은 네트워크를 쌓을 수 있게 여러 사람들과 일함으로써 더 많은 성취감을 느끼도록, 그리고 더 성장하도록 돕기 위해 유지되는 제도인 것이다. 그렇지 않고 정말 직원들을 감시하기 위한 목적으로 운영된 제도였다면 토요타자동차가 80년이라는 긴 세월 동안 지속가능하지 않았을 것이고, 최대의 실적과 성과를 내는 세계 일류기업으로 성장하지도 못했을 것이다.

실제로 토요타자동차는 문제를 직원 개인에게 돌리기보다는 매니지먼트의 문제로 파악하는 경향이 있다. 개개인의 문제가 아니라 매니지먼트의 문제로 보았을 때에야 비로소 관리자가 할 일이 있고, 관리의 사이클이 돌아갈 수 있다고 보는 것이다. 토요타는 '조직을 혁신'한다는 명목 하에, "제대로 해", "똑바로 해"와 같이 직원들을 질책하는 것을 경계한다. 대신 관리자는 지킬 수 있는 룰을 주기 위해 한 번 더 고민하고, 일이 진행되도록 하기 위해 협업하고, 직원들은 전향적으로 자신의 목표와 회사의 목표를 일치시켜가기 위해 이른바, '혁신을 조직'하는 것을 중시한다.

그래서 나는 글로벌비지니스컨설팅의 모토를 '조직을 혁신하지 말고, 혁신을 조직하라'고 정했다. 못하는 사람, 부정적인 사람을 문제시해서 도려내기보다는 잘하는 사람, 전향적인 사람들과 함께 일하면서 개인으로 해체되지 않고, 모두가 목소리를 모아 내고 실력을 발휘할 수 있도록 혁신 바이러스(Innovation virus)를 퍼뜨리는 것이 낫다고 보기 때문이다. 물론 이런 생각은 토요타에 대해 들여다보고 공부하면서 굳어진 생각이기도 하다.

사실 기업이란 원래 사회적으로 의미 있는 일을 통해 공헌하는 존재이다. 마약판매조직이나 매춘조직 등이 아무리 돈을 많이 벌고, 많은 인원을 거느리는 커다란 조직이라고 하더라도 우리가 그들을 기업으로 대우하지 않는 것은 그들이 하는 일이 사회적으로 좋은 일이 아니기 때문이다. 따라서 기업은 '고객도 좋고, 판매하는 기업도 좋고, 그것이 사회에도 좋은' 일을 해야만 한다.

그런데 자원봉사단체나 재단법인과 같은 조직과 달리 기업은 그렇게 '사회적으로 의미 있는 일'을 하기 위해 필요한 자원조차도 자력으로 조달하라는 사명을 가지고 있는 조직이기도 하다. 재단법인이나 사단법인은 금전이든 사람이든 목적을 달성하기 위한 자원을 이미 보유하고 있거나 사회로부터 기증받는다. 하지만 기업은 그러한 활동을 하기 위한 자원마저도 스스로의 힘으로 조달하지 않으면 안 된다. 그러기 위해서 어느 정도의 이익이 '필요'한 것이다. 이익은 충분조건이 아니라 필요조건이다. 경영자와 회사원들 모두 이 점은 분명히 인식을 해야 한다. 하지만 아직도 기업의 목적이 이윤 추구라는 생각을 가지고 있는 기업가들이 많이 있다. 그러나 그들이 스스로 정한 기업의 이념(주로 액자 속에나 있는)과 그들이 실제로 강조하는 이익 중심의 현실 사이에서 얼마나 많은 직원들이 지쳐가고 있는가를 잘 들여다보아야 한다.

　일본에는 '삼뽀요시(三方善)'라는 말이 있다. 회사도 좋고, 고객도 좋고, 사회에도 좋아야 한다는 말이다. 이런 철학 아래에서 비로소 이익이라는 목표를 추구하는 것이 정당화된다. 그러한 정당성을 가지고 목표를 달성하기 위한 효율적인 '수단'의 하나가 바로 '조직'이나 '조직체계'이다. '전체 최적화를 추구하라'거나 '자리를 위해서 일하지 말고, 회사를 위해서 일하라'는 회사의 요구는 이러한 전제들 위에서 비로소 굳건하고 당당한 요구가 될 수 있다. 직원들의 장기적이고 안정적인 고용을 위해 노력하고, 고객중심의 가치관 아래에서 효율을 추구하려는 노력의 하나로서 토요타의 '횡적연계를 중시하는 프로젝트형 업무방식'을 참고할 필요가 있을 것이다.

　사실 토요타의 주사제도에 가장 먼저 주목한 것은 미국인들이었다. 1983년에 토요타자동차와 제너럴모터스(GM)는 합병회사 누미(NUMMI, New United Motor Manufacturing Inc.)를 설립하였고, 많은 미국인들이 토요타를 방문했다. 1970년대 이후로 제조 경쟁력 측면에서 일본에 역전을 허용한 미국은 토요타의 본질을 보고 배울 기회를 얻은 것이었다. 그들이 미국으로 돌아간 후 주사제도는 실리콘밸리에 전달되었고, 주사제도에 금융이 결합하여 에코시스템이 완성되었다. 대표적 사례로 스티브 잡스가 개발의 중심으로서 주사의 역할을 담당한 것이 바로 '아이폰(iPhone)'이기도 하다. 이러한 조직운영과 프로세스는 '린 개발 프로세스'로 정리되어 전세계 200개 이상의 기업에서 도입해 운영되고 있다.

우리나라 기업들도 21세기에 최적화된 조직이 될 수 있다. 우리만의 방식을 만들어갈 수 있다. 토요타가 할 수 있다면 우리는 더 잘할 수 있다.

그런 의미에서 나는 토요타자동차와 토요티즘은 언제든지 분리될 수 있고, 분리되어야 한다고 보는 것이다. 이른바 포디즘의 철학과 방법론의 전부를 포드자동차가 구축한 것이 아니듯, 21세기를 살아가는 기업의 시대적 과제를 해결하는 데 토요타자동차의 생각과 방법론이 적합하다고 판단한다. 그 이유는 토요티즘은 이제 걸음마를 떼었을 뿐이고, 이미 토요타자동차가 아닌 많은 기업들에게 전파되어 발전하고 있다고 보기 때문이다. 달을 보라는 말은 달을 비추는 해를 보라는 말의 은근한 비유일 수 있다. 반복하건대, 토요타자동차를 버려야 토요티즘이 보인다.

Chapter 11

문제를 해결함과 동시에 인재도 육성한다

문제해결에 집중하는 토요타방식

일 = 유지 + 개선

위의 표현을 다시 한 번 깊이 생각할 필요가 있다. 유지에는 공수가 적게 들어갈 듯 보이지만, 사실 이것도 쉬운 일이 아니다.

앞에서 정상을 벗어난 것을 이상 혹은 문제라고 했다. 또한 목표와 현상 사이의 갭 또한 문제라고 했다. 이렇게 '문제'에는 두 가지의 형태가 있다. 하나는 유지하기 위해서 이미 발생한 트러블의 의미로서의 '발생형 문제'와 보다 나은 바람직한 모습을 달성하기 위해 인위적으로 설정한 '설정형 문제'가 그것이다. 그렇다면 우리는 일을 다음과 같이 새롭게 정의할 수 있다.

일 = 발생형 문제해결 + 설정형 문제해결

결국 우리가 하는 일이란 문제해결의 연속이라고 정의할 수 있다. 토요타에서 리더의 조건으로 내세우는 세 가지가 있는데, '문제 발견력', '아이디어 창출력', '실행력'이 그것이다. 문제를 모르는 것이 가장 큰 문제라는 말이 있다. 우스갯소리로, 문제아(兒)의 가장 큰 문제는 문제의식 자체가 없다는 말도 있다. 수긍하는 끄덕임으로 우리가 일상적으로 당연하게 생각하는 것들을 당연하게 하는 것이 토요타 기업문화의 큰 특징이기도 하다. 문제를 드러내는 것이 가장 중요하다. 문제를 모르면 해결할 수도 없기 때문이다.

발생형 문제해결을 위해 토요타에서 가장 많이 사용하는 기법이 '파이브 와이(5why)'이다. 우리가 일반적으로 문제라고 하는 것은 사실 결과이고 현상이다. 그런데 그러한 현상을 일으킨 원인은 따로 있다는 것이다. 기계가 고장이 났든, 조직 내에 소통이 부족하든 이것은 현상이자 결과이지 원인이 아니다. 그래서 토요타에서는 '문제'와 '문제점', 그리고 '과제'의 정의를 분명히 구분해서 사용하고 있다.

우선 '문제'는 인지된 결과로서의 현상을 말한다. 기계가 멈췄다, 판매가 저조하다와 같은 상황을 말한다. 그러한 현상을 야기한 진정한 원인을 파악하기 위해 '5why'와 '특성요인도'와 같은 방법을 이용하여 진짜 원인, 즉 진인(眞因)을 찾아낸다. 이때의 진짜 원인을 '문제점'이라고 한다. 하나의 현상에 복수의 원인이 작용할 수 있으므로, 문제는 수많은 문제점으로 구성된 것이라고도 할 수 있다. 이렇게 파악된 문제점을 해결하기 위한 활동의 대상을 '과제'라고 한다. 수행해야 할 과업으로서의 문제라고 이해하면 될 것이다. 이러한 구조를 그림으로 표현하면 아래와 같다.

이러한 사고과정은 설정형 문제에 있어서도 마찬가지이다. 바람직한 모습과 현상 사이의 갭이 발생한 원인을 찾고 그에 대한 행동

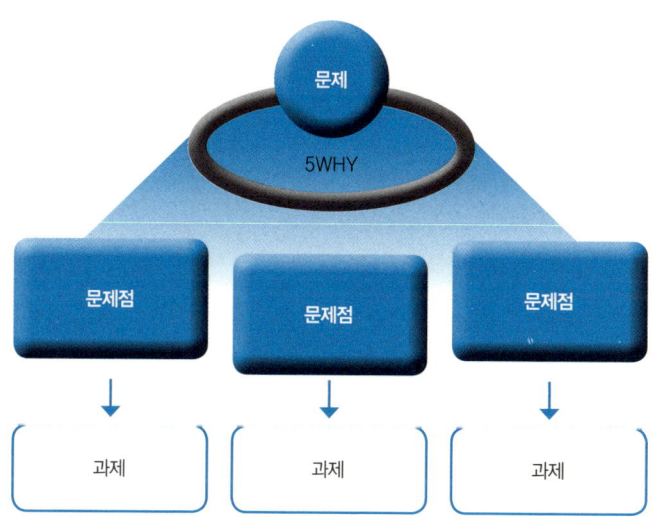

그림20. 문제와 문제점과 과제의 관계

을 과제로서 수행하는 방식이다.

　이러한 문제해결을 조직 안에서 누가, 어떤 역할을 맡는가하는 부분에서 '문제해결'과 '인재육성'은 접점을 확보할 수 있다. 모든 조직은 계층을 가지고 있다. 경영자를 비롯하여 전략과 의사결정을 맡은 층이 있고, 그러한 전략을 수행하기 위해 전술을 구사하고, 관리를 담당하는 관리층, 그리고 전술상의 행동을 수행하는 프론트라인으로서의 사원층이 그것이다. 많은 한국의 기업이 이제는 팀제를 도입하고 있으므로, 경영자-팀장-팀원으로 구분하는 것이 이해가 빠를 지도 모르겠다. 이런 구조 속에서 우리는 각자의 역할과 책임(Role & Responsibility)을 다하게 된다.

　흔히 보듯 실행 조직은 정해진 역할과 규율 속에서 오늘의 목표를 달성하기 위해서 과업을 수행한다. 그럼에도 불구하고 조직 내에서는 많은 문제들이 발생한다. 그것을 우리는 '이상(異常)'이라고 한다. 정상은 팀원들이 담당을 하되, 이상이 발생하면 팀장이 개입하여 그것을 해결해야 하는 구조임을 쉽게 이해할 수 있다. 경영자는 전체의 판도에 변화를 주는 의사결정과 조직의 지휘통제를 담당하게 된다. 이처럼 이상을 정상으로 돌리는 행위, 보다 나은 미래의 모습을 위해 현실을 부정하고 나아가고자 하는 행위의 주체는 관리자, 경영자이다.

　관리자는 현재의 위치에서 조직이 아래쪽으로 밀려나는 것을 막고, 일상의 떨림 속에서 그 형체를 유지하는 것이 그의 역할이다.

경영자는 관리자들이 유지해놓은 그 조직 전체를 다음 단계로 끌어올리기 위해 선택적이고 조작적인 떨림, 조직에 대한 인위적이고 도전적인 변화를 만들어내는 것이 그 역할이다. 그렇다면 발생형 문제와 설정형 문제에 대한 문제해결 능력은 바로, 승진하여 관리자가 되거나 경영자가 되기 위해서 가장 필요한 능력이라는 말이 된다. 관리의 틀과 경영의 틀을 그림으로 나타내면 〔그림 21〕과 같다.

이렇듯 토요타에서 모든 초점을 문제해결에 맞추는 것은 한 사람의 신입사원을 관리자로, 그리고 경영자로 키워내는 '장'을 제공

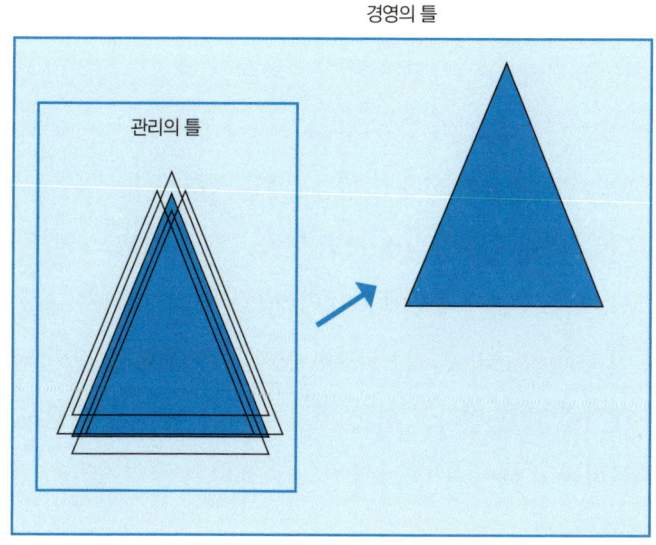

그림21. 관리와 경영의 틀

하기 위함이다. 그런데 문제 발견력이라고 하는 것이, 매일 문제를 찾아다니는 데 시간을 다 쓸 수는 없기 때문에 '문제가 드러나는 구조'를 만들기 위해서 모든 부문에서 '가시화'에 역점을 두는 것이다. 문제만 알면 누가 해결하더라도 해결할 수 있다는 의식을 바탕에 두고 일하는 것이다.

이것은 꽤 깊은 인식인데, 많은 기업에서는 문제 자체를 금기시한다. 문제가 있다는 사실 자체를 질책하면, 누구나 문제를 숨기려고 한다. 이래서는 문제의 가시화가 어렵고, 해결은 더더욱 어려워진다. 관리자나 경영자가 미처 눈길을 주지 못하는 곳에서, 가장 관리가 약한 곳에서, 용암이 터지듯 문제가 터진다. 그러면 관리자나 경영자는 콘트롤이 부족했기 때문에 그런 문제가 터진 것이라 생각해 관리통제를 더욱 강화한다. 악순환이 시작되는 것이다.

반면 토요타는 문제가 있는 것을 당연하게 생각한다. 문제가 없다면 관리자가 존재할 이유가 없다. 매일 정상이 유지되는 사업장에는 오퍼레이터와 사장만 있으면 된다. 그러나 그런 기업은 있을 수 없다. 바로 그렇기 때문에 관리자라는 직업과 직위가 탄생한 것이다. 이것이 그들의 존재 이유다. 문제는 발생하는 것이 당연하다. 그래서 문제를 뭐라고 하는 것이 아니라, 문제를 해결하지 않는 것을 뭐라고 해야 한다는 당위를 토요타의 경영자들은 가지고 있다.

문제해결과 반성을 통해 인재로 성장하는 문화

그럼, 그 문제는 누가 해결해야 하는가? 당연히 관리자들이다. 우리나라의 많은 기업에서 문제해결의 주체를 '작업자'나 혹은 일선의 '실무자'라고 보는 것은 이런 면에서 심각한 오류이다. 회의석상에서 신입사원을 향해 "젊은 사람이 뭐 신선한 아이디어 없어?"라는, '소 뒷걸음질하다 쥐 잡는 식'의 우연에 기대는 경영이나 관리가 오래 지속되기는 어려울 것이다. 무릇 매니지먼트가 무리 없이 진행되기 위해서는 인간의 본성이나 성장 단계에 맞는 역할을 줄 때이다. 잠시 그것을 살펴보자.

사람이 직장에 들어와서 성장하는 단계를 단순화하면 다음의 한 문장으로 표현할 수 있다.

"그를 따르고, 그를 도와주고, 그와 함께 일하고, 마침내 그를 대신한다."

아무래도 신입사원은 그 회사의 업무와 문화에 대해서 잘 모른다. 따라서 신입사원이 처음에 할 수 있는 일이라고는 규율을 지키고, 상사를 따르면서 일을 조금씩 배우는 것일 수밖에 없다. 이 단계에서 필요한 역량이 바로 태도, 즉 애티튜드(Attitude)이다. 일을 조금씩 알아가면서 신입사원은 상사의 보조적이고 일상적인 업무를 도와주게 된다. 어느 정도의 경험이 축적되면 그는 선배와 상사와 함께 팀을 이루어 일하게 된다. 이 단계에서 필요한 역량이 바로 기능, 스킬(Skill)이다. 그렇게 함께 일하다가 상사가 다른 부서나 더 높은 직위로 이동했을 때 마침내 그는 상사를 대신하게 된다. 이 단계에서 필요한 역량이 바로 지식(Knowledge)이다. 업무에 지식을 적용함으로써 우리는 탁월한 성과를 얻을 수 있기 때문이다. 오랜 경험과 시행착오 속에서 축적된 새로운 판단의 기준, 흔히 지혜라고 표현할 수 있는 것을 포함한 지식노동자가 탄생하게 되는 것이다.

그를 따르고, 그를 도와주고, 그와 함께 일하는 단계에서 그들은 오늘의 목표를 달성해간다. 그러나 관리자가 되려면 그저 그 일을 할 수 있게 해주는 스킬만으로는 역할을 수행할 수 없다. 문제를 해결하는 능력으로서의 경험과 지식이 필요한 것이다. 그러자면 관리자가 되기 이전에, 문제를 발견하고, 문제를 해결하기 위한 다양한 아이디어를 떠올리고, 그것을 실행해본다. 이런 노력을 통해 그것이 항상 성공하지는 않더라도 시행착오를 거치면서 새롭게 발생하는 상황 변화나 문제에 대응할 수 있는 능력을 갖추게 되는 것이다. 이러한 성장 단계에 맞추어 지시와 지원의 비율을 조정해가는 이른바 상황적 리더십의 선순환이 가능하게 되는 것이다.

토요타에서는 이렇게 말한다.

"100점이 아니라도 좋다. 60점이라도 좋으니 우선 해봐라."

이 말 속에는 '성공이 아니라 성장하라'는 깊은 의미가 담겨 있다. 낮은 직위 시절부터 계속해서 성공만 경험한 사람이 나중에 높은 직위에 오르게 되면, 반드시 라고 해도 좋을 정도로 회사에 치명적인 실패를 줄 수 있다는 경각심도 물론이거니와, 시행착오를 거친 인간이라야 부하직원들의 실패를 올바른 관점 속에서 평가해주고, 실패로부터 배우는 문화를 이끌어갈 수 있다고 보기 때문이다.

한 번의 실패에 옷을 벗어야 하는 문화 속에서 창조적인 도전이 활성화되리라고는 보기 어렵다. 실패를 용인하는 토요타자동차나 '올해의 실패왕'을 뽑아 포상하는 등 실패를 조장하는 혼다자동차와 같은 기업들이 도전하는 문화, 생각하는 문화, 행동하는 문화를 만들 수 있는 것이 아닐까!

그것이 발생형 문제가 되었든, 설정형 문제가 되었든 해결해야 할 문제에 도전하고 반성하여 앞으로 나아가고 성장하도록 하는 것이다. 여기서 또 한 가지 중요한 용어가 나오는데, 그것은 바로 '반성'이다. 문제의 정의가 목표와 현상 사이의 갭이라고 한 바 있다. 그 목표를 해결하기 위해 우리는 문제의 원인인 문제점을 찾고, 그것을 해소하기 위한 실천과제를 통해 실행한다. 그렇게 얻어진 결과를 실적이라고 한다. 이 실적과 목표 사이의 갭을 파악하는 활동을 '반성'이라고 한다. 실적이 목표를 달성하지 못했다 하더라도, 정확한 반성을 통해 사람과 조직은 처음부터 다시 시작하는 것이 아니라, 한 번의 도전으로 얻어진 결과라는 실적의 바탕 위에서 시작할 수 있는 것이다. 그러한 실행과 반성의 사이클을 반복함으로써 마침내 목표를 달성할 수 있는 것이다. 문제와 반성의 정의를 그림으로 정리하면 [그림22]와 같다.

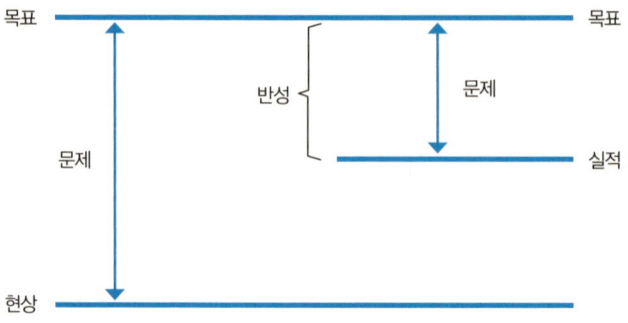

그림22. 문제와 반성의 의미

　이렇게 목표를 설정하고, 실행하고, 반성하고, 재도전하는 과정을 반복함으로써 사람이 성장할 수 있는 것이다. 그렇게 문제해결 능력을 갖춘 사람들이 관리자가 되어 직원들이 쉽고 편하게 일할 수 있도록 노력한다. 자신의 시간 대부분을 개선에 집중하는 이들이 바로 토요타의 관리자이며, 경영자는 조직 전체의 방향을 결정하고, 보다 나은 모습으로 바꾸기 위한 의사결정을 하는 것이다.

3현주의를 통한 문제해결과 인재양성

토요타의 경영자가 '3현주의(3現主義)'를 강조하는 것은 의사결정의 정확성에 있어서 대단히 심오한 의미가 있다. '현장에서 현물을 보고, 현상을 파악하라'는 3현주의는, 이미 전세계에 전파되어 있는 개념으로, 실천은 어려울망정 이해하기에는 어려움이 없다. 그러나 거시적이고 중대한 의사결정을 해야 하는 경영자가 매일 현장을 들여다봐야 한다는 토요타의 3현주의에 대해서는 약간의 위화감을 느끼는 것 같다. 그런 건 공장장이 할 일이라거나 임원들에게 맡기면 될 일이라고 생각하는 경우도 많은 것 같다.

그러나 경영자의 중대과제인 의사결정의 구조를 들여다보면 쉽게 이해가 가는 내용이다. 의사결정을 할 때 흔히 형세를 고려해야 한다는 말을 많이 한다. 형(形)이란 외부의 객관적 상황을 말한다. 이에 반해 세(勢)란 주체의 수준을 말한다. 결국 올바른 경영 판단을 하기 위해서는 외부의 상황과 내부의 수준을 명확하게 알아야 한다는 말이다. 제대로 알기 위해 보고나 문서에만 의지하지 말고, 현장에서 현물을 보고 현실을 파악해야 하는 것이다. 그런 점에서 3현주의는 강력한 힘을 발휘하게 되는 것이고, 3현주의의 수단으로서 전사적 자원관리(ERP, Enterprise Resource Planning)와 같은 도구들이 사용되는 것이 아닐까 싶다.

토요타는 3현주의에 입각해서 현상을 파악하고, 발생형 문제나 설정형 문제를 목표로 치환하여 해결하는 과정을 반복하게 함으로써, 조직 내의 문제해결과 인재양성을 동시에 추진하고 있다. 그리고 그것은 인간의 성장 단계나 조직 내에서 역할의 성장 단계와 살

맞는 구조로 되어 있다. 그들의 철학은 이런 말로 표현된다.

"인간은 성공함으로써 성장하는 것이 아니라, 성장함으로써 마침내 성공한다."

그렇다면, 사람을 성장시키는 조직의 분위기란 어떤 것일까? 회의문화는 그 바로미터라고 볼 수 있다. 유교적 전통과 권위에 대한 존중과 상사가 이룩한 성공 경험 등으로 우리들의 회의에서는 상사 혼자만 말을 하고, 나머지 사람들은 입을 다물고 묵묵히 상사가 하는 말을 수첩에 적는 모습을 흔하게 볼 수 있다. 사실 이런 경향은 기업의 책임만이 아니요, 이른바 서구사회와 동양사회, 한국사회를 비교할 때 극명하게 대비되는 모습의 대명사처럼 언급되는 내용이기도 하다. 어느 쪽이 좋다 나쁘다는 것이 아니라, 21세기가

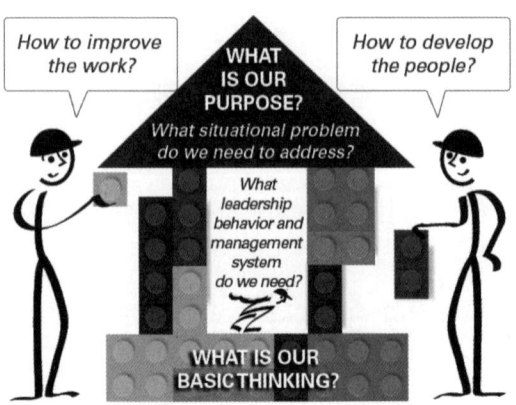

그림23. 문제해결과 인재양성을 동시에 추구하는 토요티즘의 가치를 보여주는 포스터
(ⓒwww.lean.org)

요구하는 시대적 과제에 부응하는 결론을 도출할 수 있는 사람을 육성하기에 어떤 방식이 더 바람직한가에 초점을 맞추고 싶다.

창의적이고 자율적인 사람은 스스로 자신을 통제할 수 있는 사람이다. 그러려면 스스로 생각할 줄 알아야 한다. 지시 받은 것을 제대로 해내는 사람(Do things right)이 아니라, 제대로 된 것을 생각하고 실행할 줄 아는 사람(Do right things)이 되어야 한다. 스스로 생각하고 그것을 발언할 수 있어야 한다. 기업의 문화 측면에서는 스스로 생각하고, 자신의 생각을 자유롭게 말할 수 있는 기회와 장을 제공해야 한다는 의미이기도 하다. 스스로 생각하고 발언하고 실제로 행동해보고, 그렇게 얻어진 목표와 실적 사이의 갭을 파악하기 위해 반성하고, 다시 새로운 실천 계획을 수립하는 것을 반복함으로써 성장할 수 있는 것이다.

사람이 몰입하기 위해서는 스스로 의사결정을 하고, 행동해서 나온 결과에 대해 스스로 반성할 수 있는 장이 필요하다. 그러한 장을 마련하기 위해서라도 프로젝트형 업무구조는 바람직하다고 할 수 있다. 그리고 이러한 프로세스를 객관화하고 효율적으로 추진할 수 있도록 한 것이 이른바 토요타의 'A3문화'라고 할 수 있다. 다음 장에서는 A3 한 장으로 모든 기획서와 보고서 등의 문서 직업을 갈무리하는 토요타의 효율적 기업문화에 대해 알아보기로 하자.

Chapter 12

최대의 효율화를 위한 토요타의 A3문화

-
-
-

문제해결을 위한 업무개선 기법으로서의 A3 보고서

파워포인트를 이용해 기획서나 계획서를 작성할 때 우리는 보통 어떠한가? 목적, 배경, 시장분석, 콘셉트 등등의 순서로 많은 슬라이드를 만들게 되는 것이 일반적인 모습일 것이다. 그러나 이토록 많은 분량의 자료들은 그것을 검토하는 사람들에게 그다지 좋은 평을 듣지 못하는 것도 사실이다.

 일본축구협회의 수장을 맡은 가와부치 사부로(川淵 三郎)는, 1992년 일본 최상위 축구리그인 J리그 출범 당시의 이야기를 들려주며 토요타의 A3문화를 이렇게 평가했다.

1992년, 가와부치 회장이 J리그를 발족시킬 때의 이야기이다. 당시 리그에 참가하기를 희망하는 기업들로부터 많은 기획서가 들어왔는데, 가와부치 회장은 이렇게 말했다고 한다.

"기획서들 가운데 가장 잘 만들어진 자료가 토요타(나고야 그램퍼스)의 것이었다. 그들이 제출한 기획서는 단 두 장. J리그에 이러한 형태로 참가하고 싶다는 내용만이 쓰여 있었다. 필요한 것이 간결하고 알기 쉽게 서술되어 있어서 그것만으로 충분했다.

그에 비해 다른 기업의 기획서들은 쓸데없이 두꺼운데 내용은 부실한 것들뿐! 필요 없는 내용들이 주저리주저리 쓰여 있어서 읽기에 힘들었다. 재미있었던 것은 대부분의 기획서가 서두에 'J리그의 이념'을 정리했다는 점이다. 원래 J리그의 이념은 내가 만든 것이다. 다른 사람에게 이를 가르친 기억도 없다. 아무 의미도 없는 말들을 늘어놓는 기획서가 얼마나 많은가! J리그 창설자에게 J리그의 이념을 설명한다니……. 부처 앞에서 설법한다는 것이 이런 경우이다. 그러나 나 자신도 역시 이런 실수를 잘 범한다. 읽는 사람은 생각하지 않고, 자기중심적인 프레젠테이션 문서를 만들고 마는 것이다. 그럴 때는 또 대개 문장이 길어지게 마련이었다. 정말로 중요한 것이 무엇인가? 그것을 충분히 음미하면, 더 간결하고 읽기 쉬운 기획서가 될 텐데……."

위에서 보는 바와 같이 토요타는 기획서를 A3(혹은 A4) 한 장으로 정리하는 것을 원칙으로 하고 있다. A3 용지를 4분할하여, 각각의 영역에 사업목적, 기획 내용, 실행 계획, 판매전략과 같은 핵심만을 간결하게 정리한다. 그런데 이런 문화는 기획서에만 해당하는 것이 아니다. 기획서, 보고서, 회의자료나 의사록, 업무협의에 사용되는 자료, 프레젠테이션 자료, 스케줄 확인용 리스트, 고과면담용 서류 등 모든 종류의 업무상 서류는 한 장으로 정리하는 것이다.

특히 CAPD의 업무 사이클을 돌리는 토요타에서는 상시적으로 문제의 현재화와 드러난 문제에 대한 개선 활동이 일어나는데, 이 문제해결을 위한 업무개선 기법의 하나가 바로 이 'A3보고서' 자체이기도 하다.

일반적인 보고서의 장표와 작성요령을 보면, 다음의 8개 항목을 기입하는 것이 원칙이다. 그것은 ①테마, ②테마설정 배경, ③현상파악, ④목표설정, ⑤요인 해석, ⑥대책과 실시, ⑦실시결과와 전개, ⑧반성과 향후 과제의 8개 항목이다.

단순한 작성법으로 끝나는 것이 아니라, 문서작성의 순서대로 사고하는 과정을 통해 문제해결력을 키울 수 있다는 것이 큰 특징이다. 우선 이 양식으로 사고하면 문제점이 명확해진다. 앞에서 설명한 8항목은 그대로 8스텝에 해당하고, 이 8스텝은 그대로 문제해결의 순서가 되기 때문이다. 입사해서 줄곧 이 양식에 맞추어 사고하고 일함으로써 저절로 문제해결력이 몸에 배게 된다. 그래서 이

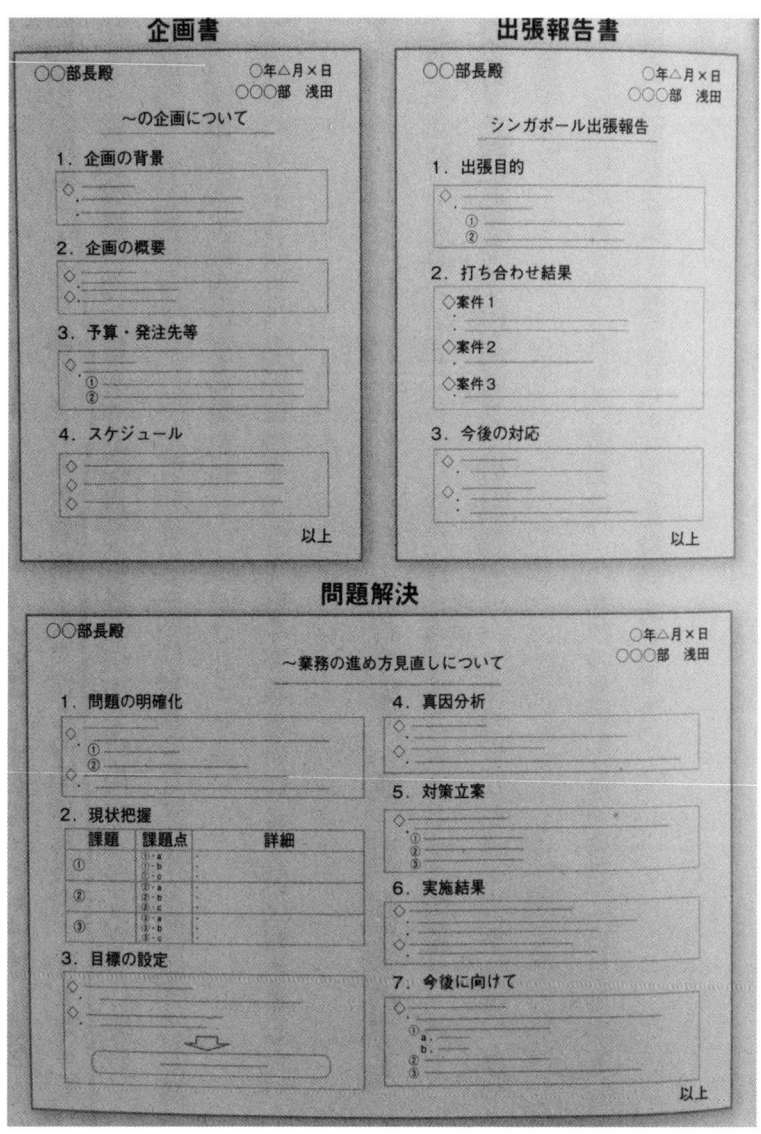

그림24. 토요타 원페이지 리포트 샘플

러한 사고법을 'A3사고법'이라고 부른다.

A3보고서는 좌측에는 프로젝트를 실시하기 전 사항들, 즉 목표 설정이나 현상 분석, 요인에 대한 분석 등을 기입한다. 그리고 우측에는 실제로 실행을 해봄으로써 알게 된 것, 못한 것, 표준화나 전사 전개 가능한 것 등을 기입한다.

이 순서로 생각함으로써, 우선순위를 결정하거나 준비사항 등이 명확해지고, 개선을 일상적인 일로 계속할 수 있다.

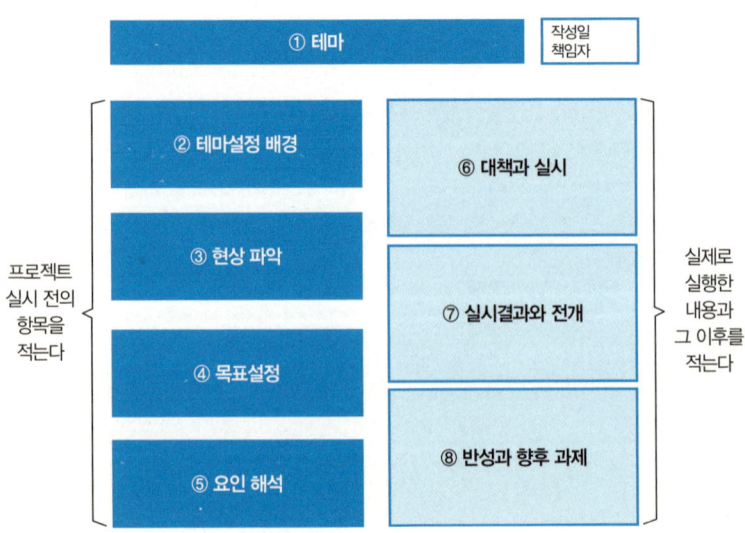

그림25. A3보고서의 작성 스텝과 구조

A3보고서 작성 방법 8단계

제일 먼저, 프로젝트의 제목에 해당하는 테마는 내용의 전체상을 알 수 있도록 목표를 한 마디로 표현해야 한다. 발생형 문제이든, 설정형 문제이든 바람직한 상태나 모습과 현상과의 갭이 문제이므로, 이러한 문제를 명확히 드러내서 구성원들이 무엇을 하려고 하는가를 쉽게 이해할 수 있어야 한다.

그렇게 테마가 선정되면, 다음으로 왜 그 테마를 선정했는가에 대한 배경이나 목적을 구체적으로 표현한다. 흔히 지금보다 나아지면 된다는 식의 귀납법적인 개선 활동이 주로 이루어지는 이유는, 배경이나 목적에 있어서 명확한 목표에 대한 절박성이나 절실함이 부족해서인 경우가 많다. 바람직한 모습이 사전에 설정되고, 현상과의 갭이 문제라는 것을 염두에 두고 작성한다면, 어느 정도의 수준까지, 그리고 언제까지 그것을 달성하지 않으면 안 된다는 배경이나 목적이 그만큼 명확해질 수밖에 없다. 따라서 실행이 따르는 과제는 연역적 사고가 확실히 다른 결과를 낳는다.

그 다음 단계이자 토요타가 문제해결에 있어서 가장 중시하는 프로세스가 바로 현상 파악이다. 성패의 70%가 현상 파악에 달려 있다고 말할 정도이다. 실제로 내가 한국 기업 임직원들과 나고야에서 이와 관련된 테마연수를 진행할 때, 가장 많이 재작업을 하는 단계이기도 하다. 흔히들 이 단계에서 바로 문제점을 나열하는 것을 많이 볼 수 있다. 그러나 현상 파악은 있는 그대로 현재의 일의 방식이나 흐름을 드러내는 단계이다. 가치판단 없이 현재의 방식을 있는 그대로, 최소단위로 쪼개서 기입한다.

네 번째로 목표설정에 있어서는 무엇을, 언제까지, 어느 정도 개선할 것인가를 명확히 하면 된다. 테마를 설정할 때 바람직한 상태나 모습은 이미 상정 되어 있으므로, 현상을 분석함으로써 분명해진 갭을 파악해 목표로 설정하는 것이 좋다. 생산성 30% 향상이나 리드타임 50% 단축, 업무 처리량 30% 향상과 같은 목표의 근거가 분명해야 전원이 납득하고, 그것을 달성하기 위해 전력질주할 수 있다.

그러기 위해서는 바람직한 상태에 대한 정의가 대단히 중요하다. 타사와 경쟁할 수 있는 수준이나 시장에서 주도권을 잡기 위한 수준 등 도달해야 할 바람직한 상태를 명확히 할 때 목표는 모두에 가슴 속에 자리 잡을 수 있다. 그리고 그러한 목표를 달성하기 위한 노력과 기한의 정합성은, 바로 제대로 된 현상 파악의 바탕 위에서 얻어질 수 있다. 목표를 듣자마자 모두가 한숨을 내쉬거나 냉소적인 반응이 나온다면, 그것은 목표가 정당성이 없어서가 아니라 자사의 현 수준 및 기반에 대한 명확한 진단 없이 제시되는 목표인 경우가 많기 때문이다.

다섯 번째 단계인 요인 해석에서 비로소 문제와 문제점을 분석해간다. 문제는 현상과 이상과의 갭이며, 문제점은 그 문제의 원인이다. 토요타에서는 문제점을 찾기 위해 '왜를 5번 반복하라'는 파이브 와이(5why)나 특성요인도와 같은 방법론을 주로 사용한다. 현상 파악 단계와 이 요인 해석 단계에서 가장 중요한 행동의 원칙이 이른바 3현주의인데, 이는 탁상공론을 원천적으로 방지하기 위함이다.

여섯 번째 단계인 대책과 실시에서 팀워크가 빛을 발하게 된다. 어떤 문제가 발생하고 관계부서원들이 모여 회의를 하는데, 그 발표 내용이 모두 자기 부서의 책임이 아니라는 소명자료였다는 식의 대책회의 경험담을 말하는 이들이 많다. 몇 시간씩 공을 들여서 내 책임이 아니라는 소명자료를 만들 시간에, 관계자들이 모여 문제해결에 초점을 맞추는 것이 훨씬 생산적이다. 발생형 문제이든 설정형 문제이든 그 앞에서 가만히 있는 것이 가장 평가에 불리하다면, 누구나 문제해결을 향해 앞으로 나아갈 것이다. 그때의 실행은 미지의 세계를 나아가는 것이므로 완벽할 리가 없다. 그래서 토요타에서는 '완벽을 추구하지 마라, 60점이라도 좋으니 해보고 생각하라'며 행동을 촉구하고, 실패를 용인하는 것이다.

파이브 와이를 거쳐 찾아낸 진인(眞因)에 대한 대책을 조직횡단적으로 검토하여 전체 최적의 결과를 내려고 하는 협업과 팀워크는, 이렇게 문제해결을 격려하고 실패를 조장하는 문화 속에서 진가를 발휘할 수 있다. 문제를 해결하기로 마음먹은 사람들이 모여서 논의하는 브레인스토밍(brain-storming)의 효과가 오늘날의 토요타를 만들었다고 해도 과언이 아닐 것이다. 사람의 능력이나 지식은 하려고 하는 의지에 의해 그 방향이 정해지는 것이라서, 능력이나 지식의 크기도 중요하지만, 가장 중요한 것은 플러스(+) 지향적이냐, 마이너스(-) 지향적이냐 하는 의지와 방향이라고 할 수 있다. 이런 문화적인 기반 위에서 창의적인 아이디어들이 쏟아져 나온다.

대책안을 작성하는 데 있어서 가장 큰 특징은, 개인 단위의 책임자와 기일이 분명히 정해진다는 것이다. 이렇게 함으로써 실행력이 높아진다. 최근 우리나라에서도 '명사형에서 동사형으로' 대책안을 작성하려는 움직임이 생겨나고 있다. 추상적인 표현을 피하고 구체적인 동사형으로 대책을 작성하라는 것인데, 토요타는 보다 더 구체적으로 하나하나의 동작단위로 할 일을 명시하는 '동사형에서 동작형으로' 표현한다. 이를 공부하는 학생에 빗대어 예를 들어보자면, 실력 향상 → 공부하자 → 영어책 3페이지를 읽고 쓴다로 표현할 수 있다. 명사형에서 동사형, 동사형에서 동작형으로, 구체적일수록 실행력은 높아진다. 여기에 누가, 언제까지를 기입하고, 반드시 확인한다.

일곱 번째로 실시결과와 전개에서는 활동의 성과를 측정하는 단계이다. 얻어진 성과는 전사적으로 전개 가능한 경우, 적극적으로 횡전개를 제안한다. 이렇게 하나의 성공 사례가 조직 내 뿐만 아니라 협력업체를 포함한 공급망 전체에 가장 빠른 속도로 전파될 수 있는 하드웨어(그룹 자주연구회, 사례발표 대회 등)를 갖고 있다는 것도 토요타의 강점이다.

마지막으로 반성과 향후의 과제 단계이다. 토요타에서는 "기준이 없는 곳에 개선도 없다"는 말을 많이 한다. 정상과 이상을 구분할 '기준'이 없는 곳에, 현재보다 나아진다는 '개선'이 있을 수 없다는 말이니 너무나 당연한 말이다. 이것을 행동원칙으로 나타내면 '기준에 의한 개선'으로 표현할 수 있고, 그 결과 토요타는 표준을 바꾸는 개선을 한다고 말할 수 있다.

이것의 사이클을 설명하자면 이렇다. 모든 업무에는 명확한 일에 대한 정의와 프로세스에 대한 기준이 있다. 종사자는 반드시 그 룰과 기준을 지켜야 한다. 그럼에도 불구하고 문제가 있다면 그것을 개선 대상으로 올린다. 관계자들이 모여 개선한다. 새로운 표준, 기준을 만든다. 종사자는 반드시 그 표준을 지킨다.

이와 같은 사이클을 반복함으로써 토요타에서는 기준의 수준을 높이는 향상 활동이, '유지＋개선'의 반복이라는 형태로 흔들림 없이 가능하다. 표준화는 현재를 떠받치고 앞으로 나아가기 위해 디뎌야 하는 땅과 같다는 생각이다. "땅을 굳게 디디고 서 있지 않다면 도약하지도 마라. 반드시 다친다"는 사실을 토요타와 린 컴퍼니들은 이해하고 있는 것이다.

이렇게 창업 이래 80년 동안 일관되게 개선 활동을 해오면서, 그들은 개선 활동이 결국 이중투자라는 것을 깨닫게 된다. 토요타생

산방식(TPS)의 창시자인 오노 다이치(大野耐一)의 기치 아래 '무다 토리(無駄取り, 부가가치 없는 일의 제거)를 위해 달려오기를 수십 년. 왜 처음부터 부가가치 없는 일을 '배제'하지 않고, '제거'하고 있는 가? 왜 뒤에서 문제를 해결하는가? 보다 상류에서 미연에, 사전에, 문제를 '배제'할 수는 없는가? 이러한 물음을 통해서 토요타 사람들은 자신들의 '업에 대한 정의'를 바꾸고, '사후 대책에서 미연 방지로' 나아가게 되었다.

Chapter 13
사후에 대책을 세우지 말고 미연에 방지하라

일반적인 기업의 업무는 개발 – 생산준비 – 생산 – 판매의 흐름을 따라가게 된다. 이러한 흐름의 상류에서 발생한 작은 문제들은 하류로 흘러갈수록 더욱 큰 문제가 되어 엄청난 손실을 가져오게 된다. "호미로 막을 것을 가래로 막는다"는 속담이 있듯, 기업 현장에서는 '미세관리'나 '원류관리'와 같은 용어가 있다.

미세관리의 중요성을 나타내는 것이 이른바 '하인리히의 법칙(Heinrich's Law)'이다. 통계적으로 볼 때 심각한 안전사고가 1건 일어나려면, 그 전에 동일한 원인으로 경미한 사고가 29건 발생하고, 위험에 노출되는 경험은 300건 정도가 이미 존재한다는 것이다. 그러므로 그러한 징후들을 제대로 파악해서 대비책을 철저히 세우면 대형 사고를 막을 수 있다는 논리이기도 하다. 토요타와 린 컴퍼니

에서는 이른바 변화점 관리, 혹은 3H관리(신규(はじめて, Hajimete), 변경(へんこう, Henkou), 간헐(ひさしぶり, Hisashiburi)의 일본어 머리글자를 딴 미세관리 기법)와 같은 기법을 통해서 작은 변화점이나 변경점에 대응하고 있다.

상류관리나 원류관리의 중요성은 이른바 1:10:100의 법칙으로도 설명할 수 있다. 세계적인 품질 전문가인 조셉 주란(Joseph M. Juran)은 어떤 문제점을 해결하고 품질을 확보하기 위한 품질비용에는 '예방비용', '평가비용', '실패비용'이라는 세 가지 범주의 비용이 발생한다고 했다. '예방비용'은 처음부터 품질에 불량이 나오지 않도록 하기 위한 품질관리 활동이나 교육에 드는 비용이다. '평가비용'은 제품을 검사하고 불량품이나 결함을 찾아 대책을 마련하는 데 드는 비용, 즉 품질을 정식으로 평가함으로써 품질 수준을 유지하는 데 드는 비용이다. '실패비용'은 불량 제품이나 서비스가 시장에 반출되고 고객에게 전달되어 일어난 실패를 해결하기 위해 사용되는 비용을 말한다.

아울러 조셉 주란은 이들 세 가지 비용의 상대적인 비율은 1:10:100이라고 하였다. 실제로 미국의 로체스터에 있는 IBM 사업장에서 이 비율을 조사해본 결과, 1:13:92로 나타났다. 따라서 품질비용을 최소화하려면 설계 단계에서 있을 수 있는 모든 불량 및 결함 가능성을 미리 제거하는 것이 최선임을 알 수 있다. 이러한 활동의 비중은 그대로 예방 활동 : 평가 활동 : 실패 대책 활동의 비중으로 나타낼 수 있다. 오랜 기간 문제해결을 위해 실패 대책 활동(무다토리)에 노력해 온 토요타 사람들은 고개를 들어 그 상류 프로세스를 바라보게 된다. 간단하게 토요타에서 시행하고 있는 미연방지 기법들을 소개해보겠다.

문제를 앞단에서 해결하는 프론트로딩과 수직양산

토요타에서는 문제의 '조기 발견과 조기 해결'을 매우 중시한다. 제품 코스트나 품질 등은 설계의 초기 단계, 상류 공정에서 그 대부분이 결정되기 때문이다. 앞으로 일어날 상황 변화를 가능한 한 조기에 예측하여, 일어날 가능성이 있는 문제의 발견과 해결을 앞단에서 진행하는 것을 '프론트로딩(Front Loading)'이라고 한다. 이 프론트로딩 사고는 서비스 업계에도 적용이 가능하다. 장차 일어날 가능성이 있는 문제점을 예상하여 그에 대해 준비함으로써, 관계되는 서비스 체제와 프로세스, 시스템 등을 개선한다. 그럼으로써 사태가 악화되는 것을 피하고, 개선도 하는 것이다.

'수직양산(垂直量産)'이란, 양산개시 직후 가능한 한 소기에 풀(Full)생산체제를 실현하는 것을 말한다. 일반적인 기업에서는 양산개시일 이후에 여러 가지 문제가 발생해 공장 가동률이 떨어지는 것이 보통이다. 그 문제를 해결해가면서 가동률이 조금씩 올라가고, 일정 시간이 지난 후에야 풀생산을 달성하는 S자 커브를 그린다. 그러나 토요타의 수직양산 사고는 양산개시일 바로 그날부터 가동률을 100%로 가져가야 한다는 것이다. 이 또한 앞단에서 미리 문제를 해결하는 것이 당연히 과제가 된다. 이를 그림으로 표현하면 [그림26]과 같다.

수직양산이 필요한 이유는, 생산의 가동률이 낮을 경우 초기 수요에 대응할 수 없기 때문이다. 제품의 라이프사이클이 점점 짧아지고, 경쟁이 치열해진 오늘날에는 더욱 필요한 시스템인 것이다.

수직양산이 되지 못하는 이유는 다음과 같은 것이 있다.

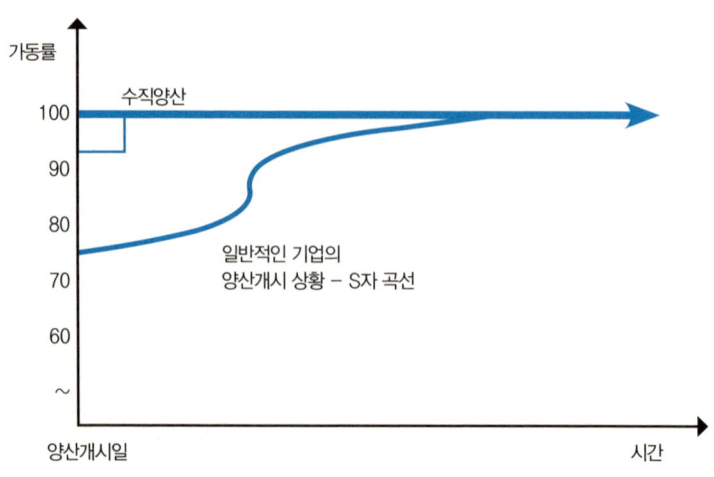

그림26. 토요타의 수직양산 시스템

- 생산 프로세스에 문제가 있어, 생산라인에서 트러블이 발생했다.
- 작업자나 준비 교체의 숙련도가 낮다. 해당 제품의 작업을 습득한 작업자를 확보하지 못했다.
- 설비 설정의 최적값을 찾지 못했다.
- 부품 조달에 차질이 발생했다.

원래 이런 문제는 생산 준비단계에서 해결해야 하지만, 많은 기업들이 그렇지 못한 것이 현실이다. 토요타는 수직양산에서 머물지 않고, 더 앞단계인 개발단계까지 거슬러 올라가는 프론트로딩을 통해 문제를 조기에 발견하고 해결하도록 노력하고 있다.

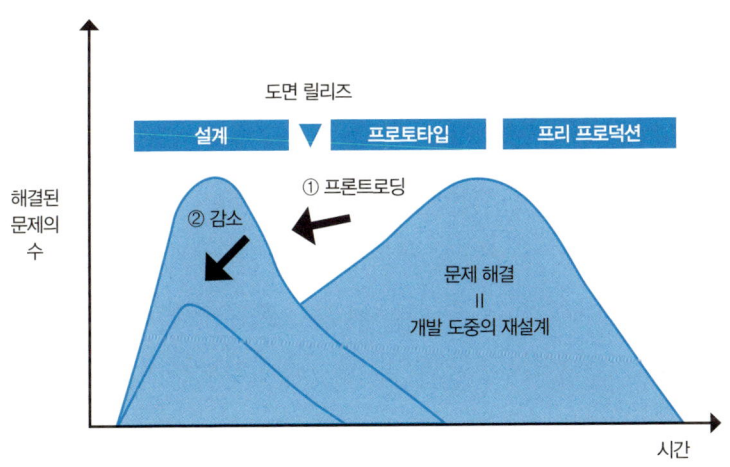

그림27. 토요타의 프론트로딩 개념도

생각이 개발단계에 이르게 되면, 여기서 중요한 변곡점이 발생한다.

이상정보의 전사(생산)과정에서 발생하는 문제를 해결하기 위한 토요타의 노력은 많이 알려져 있다. 고객의 클레임, 즉 실패비용을 줄이려는 노력과 공장 안에서의 공정 내 불량과 트러블을 해결하려는 노력, 즉 판정비용을 줄이려는 노력에 있어서 토요타의 개선방법과 도구들은 전세계 기업들이 벤치마킹을 했다고 보아도 과언이 아니다. 그래서 오히려 토요타방식이라고 하면 제조업에서나 관심을 갖는 주제라는 선입견도 그만큼 두텁게 형성되어 있다.

하지만 토요타 사람들은 앞에서 이야기한 흐름에 따라 일하면서 마침내 미연 방지를 통한 예방비용을 줄여야 한다는 결론에 도달했다. 여기서 활동의 주체가 바뀌게 된다. 이전까지는 주로 '이상정보의 전사' 과정에서 일하는 사람들이 그 대상이었다면, 개발단계에서의 문제해결은 다름 아닌 '이상정보의 창출' 과정에서 일하는 사람들이 대상이 되는 것이기 때문이다. 이제 서비스업과 화이트칼라를 대상으로 한 영역을 아우름으로써 토요티즘은, 이른바 린 설계, 린 엔지니어링, 린 프로세스와 같이 모든 업종과 모든 업무에 통용되는 사고체계와 방법론으로 확장되어 전세계 기업에서 자리 잡게 된 것이다.

이미 1990년대에 토요타는 이 프론트로딩을 통해 엄청난 성과를 올리게 된다. 개발기간이 절반으로 단축되고, 개발비용의 30%가

줄어들었으며, 설계변경과 같은 낭비적인 활동이 90% 이상 줄어들었다. 1995년 당시, 다른 경쟁사들이 36개월에서 48개월의 개발 리드타임을 가지고 있는데 반해, 토요타는 24개월의 능력을 확보했다. 그 이후 1996년에 다시 18개월로 줄이고, 1998년에는 13개월로 줄이는 데 성공했다.

이러한 '이상정보의 창출' 과정에서의 비가치 업무를 줄이기 위한 노력의 방향은 마찬가지로 세 가지이다. 먼저 '정보를 가시화하여 알기 쉽게 한다', '정보를 실시간으로 공유한다', '노하우(암묵지)를 데이터베이스화 한다'가 그것이다. 이제 구체적인 기법을 통해 알아보도록 하자.

개발단계의 미연 방지 기법 GD³

GD³(GD큐브)는 '기존 제품을 바탕으로 '개량된 설계'를 할 때, 부적합 발생을 미연에 방지하는 기법'으로, 좋은 설계(Good Design), 좋은 논의(Good Discussion), 좋은 관찰(Good Dissection 혹은 Good Design - review라고도 한다)의 머리글자를 딴 것이다. 개발이라는 가치를 창조하는 프로세스는 앞에서 계속 살펴본 '이상정보의 창출' 프로세스이므로 대단히 창조적인 활동이다. 더불어 아직 발생하지 않은 문제에 대한 미연 방지라는 활동은 그 자체가 어둠 속을 걸어

가는 것과 마찬가지이다. 어떤 문제가 발생할지 '예측하거나 예지'
하는 것을 매니지먼트의 틀 안에 넣는 것은 쉬운 일이 아니다. 그러
나 어떤 문제를 '발견'하는 기법은 일반화 혹은 보편화하여 매니지
먼트라는 과학의 틀 안에 넣을 수 있다. 그런 의미에서는 이 GD^3
또한 문제발견 기법이라고 할 수 있다.

  사람에 따라서는 예지능력이나 예측능력, 통찰력이 뛰어난 사람
이 있다. 이러한 개인의 특성이 될 수 있는 능력인 암묵지를 형식
지로 전환한 것이라고 보면 된다. Good Design은 창의적 아이디어
발상법이고, Good Discussion과 Good Dissection은 문제를 발견하
기 위한 수법이다.

창조적 미연 방지 기법 DRBFM

DRBFM(Design Review Based - on Failure Mode) 도 토요타자동차에서
개발된 창조적 미연 방지 기법이다. 지금은 토요타자동차뿐만 아
니라 토요타그룹과 협력업체에도 의무화되어 있는 문제해결 기법
이기도 하다. 내가 속한 글로벌비지니스컨설팅에서 매년 덴소기술
연구소 소장 출신의 고쿠보(小久保) 고문을 초빙하여, 국내 기업에
도 적극 소개하고 있는 기법이기도 하다.

  좁은 의미의 DRBFM은 품질에 문제를 일으킬 수 있는 잠재적인

요인(주로 신규, 변경, 간헐)을 미리 색출하여 미연에 방지하기 위한 방식이다. 넓은 의미로는 설계단계에서부터 양산공정에 이를 때까지 발생할 수 있는 문제점을 미연에 방지하기 위해 품질, 공정 등의 모든 제조과정을 사전심사하고, 고객에게 납품한 이후에도 이 모든 과정을 심사하고 개선하는 시스템 방법론을 말한다.

진행방식은 고장 모드 영향 분석(FMEA, Failure Mode and Effects Analysis)과 같으나, 그 검토 대상을 철저하게 변경점에 집중하는 것이 특징이다. 신규로 채용하는 부품이나 기능(신규), 변경된 부품이나 기능(변경), 과거에 사용하다가 오랜만에 다시 사용하는 부품이나 기능(간헐) 등 변화가 일어나는 곳에 포인트를 맞추어 전문가들이 모여서 문제점을 상정하고 이를 해결하는 방법이다.

Chapter 14

토요타의 새로운 가치관, TNGA

토요티즘을 실행하는 새로운 플랫폼, TNGA

'TNGA(Toyota New Global Architecture)'.

이것이 토요타가 그리는 새로운 미래의 골격이다. 왜 그들은 이 것을 구축하려고 하는가? 왜 그들은 그것을 포기하지 않았는가?

그것은 모든 기업들이 깨닫는 바와 같이 부가가치의 70~80% 를 결정짓는 상류단계(개발, 설계단계 즉, 이상정보의 창출 프로세스) 에서의 일의 방식이 경쟁력을 결정짓는다는 것을 의미한다. 그런 의미에서 TNGA는 토요타가 추구하는 '보다 좋은 자동차'를 만들 기 위한 포괄적인 '일'에 대한 가치관을 상징한다. 단순히 엔진이 나 플랫폼을 쇄신하는 것이 아니라, 자동차 개발 프로세스에서부터 제조공정까지를 포함한 전사적인 일하는 방식이라고 볼 수 있다. TNGA기획부가 설립될 당시에 내세운 포인트는 다음의 5가지였다.

1. 상품력(상품력이란, 팔리는 힘(제품력)에 파는 힘(판매력＝유통 능력)을 곱해서 평가하는 마케팅 용어)의 향상 : 자동차의 골격을 바꾸어 후드의 높이를 낮추는 저중심화를 통해, 시야나 운동성능을 높인다. 2015년 발매되는 신차부터 도입한다. 파워트레인도 쇄신한다.
2. 그루핑(Grouping)개발에 의한 효율화 : 중장기 상품 라인업을 정해, 탑재 유니트나 드라이빙 포지션을 '아키텍처'로서 사전에 미리 정해둔다. 그에 기초하여 그루핑개발을 함으로써 부품의 공용화를 통해 효율을 향상한다.
3. 제조혁신 : 협력사, 조달부문, 생산기술부문, 기술부문이 일체가 되어, 심플하고 만들기 쉬운 유니트를 실현한다.
4. 글로벌 스탠더드 지향 : 토요타 전용규격이 아니라 다른 메이커도 채택하고 있는 글로벌 표준규격에 대응한다.
5. TNGA와 연계된 조달전략 : 차종, 지역, 시간에 구애됨이 없이 복수차종의 유니트를 정리하여 글로벌하게 발주함으로써 경쟁력을 확보한다.

잘 알려진 바와 같이 이러한 방침 하에 차세대 모델 개발이 진행되어 왔다. 토요타의 발표에 의하면 새로운 플랫폼은, 골격을 재검토함으로써 보디강성이 기존 모델보다 30～65%나 높아졌다고 한다. 2015년형 프리우스에 적용되기 시작하여 콤팩트카나 대형차, FR차(앞 엔진 후륜 구동차)에도 순차적으로 적용되어, 2020년에는 글로벌 판매대수의 약 절반을 TNGA 플랫폼을 채택한 자동차로 생산할 예정이다.

토요타는 TNGA에서 엔진의 탑재위치를 낮춤으로써 차량의 무게중심을 낮추고 주행성능을 향상시킴과 동시에 보닛의 높이도 낮추어 '멋진 디자인'의 실현을 추구하고 있다. 후방흡기, 전방배기의 엔진은 엔진의 앞에서 나온 배기관이 엔진 아래를 통과해 후방으로 이어진다. 이에 비해 전방흡기, 후방배기의 엔진은 배기관이 엔진의 아래를 통과하지 않기 때문에 엔진의 탑재위치를 낮추기가 쉽다.

기존에는, 예를 들면 플랫폼을 새로 설계하는 경우라도, 기존 엔진이나 변속기 탑재를 전제로 설계하는 것이 일반적이었다. 반대로 엔진을 새로 설계하는 경우에도 기존 플랫폼에 탑재할 수 있도록 설계하는 경우가 많았다. 이는 기존 플랫폼 혹은 기존 엔진을 전제로 한다면 그것 자체가 설계의 제약이 된다는 의미이다.

예를 들면 TNGA와 같이 자동차의 중심을 낮추기 위해 엔진의 탑재위치를 낮추려고 해도, 기존 엔진이나 변속기의 치수와 구조, 배기관의 배치를 전제로 하면 당연히 한계가 있는 것이다. 이 한계를 타파하기 위해서는 엔진만 혹은 차체만 이라는 '부분 최적'의 설계수법이 아니라, 차량을 구성하는 모든 요소에서 '전체 최적'을 꾀할 필요가 있다.

이처럼 차량을 구성하는 모든 부품을 연계하여 '이상구조'를 추구한 예로 마츠다의 차세대 기술인 '스카이액티브(SKYACTIV)'가 있다. 마츠다는 엔진, 변속기, 차체 등과 같은 차량의 구성기술을 동시에 모두 쇄신하고, 나아가 개별 최적이 아니라 전체 최적을 추구함으로써 지금까지 달성할 수 없었던 수준의 성능을 실현하는 것을 목적으로 했다.

그러나 토요타와 같은 큰 규모의 큰 회사에는 차종이 많고, 엔진이나 변속기의 종류도 많기 때문에 자동차를 구성하는 모든 요소를 동시에 쇄신하는 개혁을 도입하는 것은 어렵다고 생각해왔다. 실제로 마츠다 담당자는 스카이액티브를 도입했을 때, "당사는 규모가 크지 않은 회사이기 때문에 구사할 수 있는 강점을 추구했다. 큰 회사에서는 모든 것을 동시에 쇄신하는 것은 어려울 것이다"라고 말한 바 있다. 그러나 토요타는 그것을 하려고 하는 것이다. 세계 최대의 자동차회사에서 모든 것을 쇄신하는 개혁에 착수했다는 것에 TNGA의 진정한 의미가 있다.

토요티즘은 역발상이 아닌 변화된 시대의 상식

간단하게나마 이러한 미연 방지 기법을 통해서 토요타가 예방적이고 공격적인 방식으로 품질과 원가를 확보한다는 것을 설명했다. 이 미연 방지의 사고방식은 나아가 각 부문에서 일하는 사람들의 일을 바라보는 시각에 근본적인 변화를 요구한다. 예를 들어 품질관리 부서에서 일하는 사람에게 "당신의 일이 무엇이냐?"고 물었을 때, 여타 기업에서는 "검사"라고 답하는 경우가 자주 있다. 그러나 토요타의 품질관리 부서에서의 일에 대한 정의는 "검사를 없애는 것"이다. 검사를 하지 않아도 양품이 생산될 수 있도록 공정을 기획하고, 품질검사의 기준이나 도구를 만들어주고, 협력업체를 지도하는 것이 그들의 역할이라고 생각한다. 검사를 통해 발견된 불량의 유출을 막거나 고객의 컴플레인에 대해 사후 조치를 하는 것이 일이 아니라는 생각은 바로 미연 방지의 본질을 이해하고 있음을 보여준다.

마찬가지로 보전 부서에서 일하는 사람에게 "당신의 일이 무엇이냐?"고 물었을 때, "기계를 고치는 것"이라고 답하는 경우가 있다면, 토요타에서는 "기계가 고장 나지 않도록 하는 것"이라고 답한다. 하다못해 청소를 하는 목적이 무엇이냐는 질문에 대해서도 "깨끗하게 하기 위해서"가 아니라, "더럽혀지지 않도록 하기 위해서"라고 말한다. 청소는 더러운 것을 치우는 것이 아니라, 잠재적인 문제를 파악하고, 깨끗한 상태가 더러워지지 않도록 유지하기 위해서 하는 것이다. 누구나 아주 깨끗한 곳에서는 스스로 행동거지를 조심하게 되는 경험이 있을 것이다. 바로 그것이 청소의 목적이고, 청소를 통해 인간의 생각과 행동에 영향을 주려는 의도이자 목적이다.

흔히 토요타의 문화를 이야기할 때 역발상을 많이 한다고 하지만, 토요티즘의 원리를 이해하고 나면 오히려 모든 것이 역발상이 아니라는 것을 알 수 있다. 그래서 그들은 그토록 일관되게, "당연한 것을 당연하게 하는 것이다"라고 말한다.

내가 이 책에서 계속해서 말하고자 하는 바는, 결국 토요타가 보여주는 패러다임이 '우리 시대가 요구하는 상식'이라는 것이다. 우리가 과도기를 살고 있기 때문에, 아직도 포디즘의 강력한 영향력 속에서 살고 있기 때문에, 그들이 하는 것이 상식을 뒤집는 것으로 보이고, 역발상을 하는 것으로 보일 뿐이다.

마지막으로 Part 3에서는 패러다임과 일하는 방식으로서의 토요티즘을 이해하고 실행하는 조직, 즉 린 컴퍼니(Lean Enterprise)들이 어떠한 양상으로 세상을 바꾸어가는지를 함께 살펴보고자 한다.

토요티즘,
일 자체가 바뀐다

토요티즘이 우리가 살아가는 바로 지금의 시대적인 사명을 해결하기 위한 너무나 당연한 '상식'이라는 설명에도 불구하고, 이상하게 한국에서는 토요티즘의 도입과 실행에 대해 부정적인 말들이 넘쳐난다.
인용을 하더라도 '토요타방식을 수없이 많은 기업들이 벤치마킹했음에도 불구하고 토요타만큼 실적을 올린 기업은 없다'라든가, '관리기술인 토요타방식에 대해서 업종(고유기술)이 다르다는 이유로 맞지 않는다'고 하는 식이다. 내가 Part 1에서 다른 많은 일본 기업들과 토요타가 다르다고 강조한 이유가 있다. 많은 한국 기업들이 토요타방식을 직접 보고도 '이건 일본인이기 때문에 가능하다'는 인식이 강하다. 그러나 나는 중국에 있는 토요타 협력사들을 견학하면서 중국에서도 연수를 많이 진행해본 결과, 우리만 안 하고 있다는 사실을 알게 되었다. 그렇다면 과연 토요티즘의 적용과 적응은 그토록 어려운 일인가.
토요티즘을 린이라는 이름으로 정의하고 전파한 미국이 토요티즘을 어떻게 인식했고, 현재 어떤 기업들이 그 가치를 이어받았으며, 어떤 새로운 흐름을 만들어내고 있는가를 함께 살펴봄으로써 그에 대한 답을 찾을 수 있을 것이다.

Chapter 15

적시생산 시스템(JIT)이 가져온 혁명

미국 자동차산업을 앞지른 토요타의 JIT 생산방식

1970년대와 80년대 미국의 제조업이 일본 기업에 몰려 극도의 어려움을 겪고 있을 때, 토요타는 완전히 다른 길을 걷고 있었다. 토요타의 경이적인 성공을 뒷받침한 제조기술은 '적시생산(JIT, Just in time)'이라는 개념으로 이제는 전세계에 알려져 있다. 적시생산 시스템은 제조 경영의 역사에서 하나의 중요한 사건이었다.

JIT로 대표되는 개념들 대부분은 토요타자동차의 오노 다이치에 의해서 실현되었다. 그는 토요타의 사장이었던 토요타 키이치로(豊田喜一郎)가 "3년 안에 미국을 따라잡아라. 아니면 일본의 자동차산업은 생존하지 못할 것이다"라며 요구했던 1945년에 혁신을 시작했다. 당시 미국과 일본의 자동차산업의 생산성 차이는 10배에 달했다. 당연히 토요타는 3년 안에 미국을 따라잡지 못했다. 그러나 우리 모두가 지금 목격하는 바와 같이, 토요타의 목표가 궁극적으로 성취되고 산업에 있어서나 경영에 있어서 가장 근본적인 변화를 촉발했던 첫 걸음을 내디딘 것이었다. 오노는 미국과 경쟁할 수 있는 유일한 방법은 양국간에 존재하는 생산성의 차이를 없애는 것뿐이라고 인식했다. 그런데 그것은 원가절감을 목표로 불필요한 부분(비가치 업무와 비부가가치 업무)을 과감히 제거해야만 가능한 일이었다. 그는 자동화(自働化) 개념을 활용하여 품질문제에 있어서의 모든 부적합을 제거하는 활동에 들어가는 한편, 미국의 슈퍼마켓에서 배운 대로 '필요한 것을, 필요한 때에, 필요한 만큼'만 생산하는 JIT를 철저하게 추구하게 된다.

당시 미국 자동차회사 연구자들의 눈에는 토요타의 방식이 자신들과 모든 것이 반대라고 보였다. 미국은 작업 준비시간을 고정된 것으로 간주하고 최적화된 로트 사이즈(Lot Size, 생산 시스템에서 생산가를 최저로 할 수 있는 로트의 크기, 즉 1회에 가공(加工)하는 수를 의미함)로 해결하려고 했다. 토요타는 작업 준비시간을 아예 제거하거나 줄이기 위한 부단한 노력을 통해 한 개 흘리기(One piece flow, 로트 사이즈를 하나로 맞춰, 한 개씩 생산하는 방식)라는 궁극의 생산을 이루어낸다. 미국은 납기일을 외부의 변수로 보았으며 생산일정을 최적화하려고 노력했다. 토요타는 납기일이 고객과 협상 가능하다는 것을 알고 있었으며, 갑작스러운 변화가 필요하지 않는 생산일정을 만들기 위해 마케팅과 제조과정의 통합을 위해 노력했다.

또 미국은 공급자로부터 부정기적인 납품방식을 당연한 것으로 간주했으며 물류비용과 관련하여 최적의 주문량을 계산하기 위해 노력했다. 토요타는 정기적인 납품이 가능하도록 소수의 공급자와 장기계약을 맺었다. 미국은 품질 불량을 어쩔 수 없는 것으로 받아들이고 정교한 검사 절차를 수립한 반면, 토요타는 공장 외부의 공급자와 내부 작업자 모두가 품질 요구조건을 인식할 수 있도록 노력했고, 이를 유지하기 위한 도구를 만들어 배치했다.

미국의 제조 엔지니어들은 설계자들이 만든 사양을 끌어안고 제조 공정에 적합하게 변경하기 위해 최선을 다했고, 토요타의 제조 및 설계 엔지니어들은 만들기 쉬운 설계를 위해 공동으로 작업했다. 이처럼 모든 것이 반대로 보였다. 아마 독자들도 비슷한 느낌을 받았겠지만, '미국 기업'을 '한국 기업'으로 바꾸어도 마찬가지였을 것이다.

오노는 이러한 JIT 생산을 실현하기 위해 생산의 평준화, 여유생산 능력의 확보, 준비 교체(작업준비) 시간의 단축, 다능공(多能工) 훈련과 교대(rotation) 근무, 전사적 품질경영, 간판방식과 같은 도구와 방법론들을 창안하고 실현했다. 1990년대 이후 한국 기업들이 이러한 기법을 벤치마킹하기 위해 많이 노력한 것이 사실이고, 우리 현상은 그만큼 고도화된 것도 사실이다.

그러나 JIT를 포함하는 토요티즘 사고는 단순한 절차나 기법이 아니라는 점은 분명하다. 오히려 일관되고 잘 정의된 경영전략이라고 할 수 있다. 토요티즘은 일에 대한 태도, 철학, 우선순위, 방법론의 집합체라고 봐야 한다. 고객만족을 사무실과 공장의 한 사람, 한 사람이 의식하면서 일을 할 수 있도록 함으로써 창조적이고 강력한 힘을 발휘하는 통찰력을 지니고 있다. 그들은 아주 오래 전부터 '후 공정은 고객'이라고 정의했다. 내 일의 결과를 넘겨받아 쓰는 모든 다음 프로세스의 사람들이 내 고객이라는 말이다. 즉 그들을 만족시키라는 명령인 것이다.

토요타방식을 벤치마킹한 린 컴퍼니들의 등장

이런 토요타의 시스템이 토요타로부터 미국으로 이전 가능한가라는 질문이 초기 연구자들에게는 가장 큰 숙제였다. 그러나 초기 연구자들의 결론은 이러한 기법들이 이전성이 매우 높다고 기술하였다. 미국에 최초로 JIT를 소개한 리처드 숀버거(Richard Schonberger) 박사는 "나는 이 접근법이 다른 나라로 쉽게 이전될 수 있다고 믿는다. (중략) 토요타식 생산과 품질관리는 다른 환경에서도 효과를 발휘할 것이다."라고 한 바 있다. 몬덴 야스히로(門田安弘) 역시 《토요타 프로덕션 시스템(トヨタプロダクションシステム)》이라는 책에

서 "나는 토요타의 생산 시스템이 미국과 유럽의 조직을 개선하려는 작업에서 커다란 역할을 할 수 있다고 확신한다"고 밝혔다. 하지만 독자들도 알고 있는 바와 같이 토요타의 간판방식은 여전히 보편적인 것과는 거리가 멀며, 사실은 거의 유일하게 토요타에서만 활용되고 있는 것도 사실이다. 그럼에도 불구하고 미국 기업들은 맹렬하게 토요타를 벤치마킹했다. 모방, 즉 완곡하게 말해서 벤치마킹은 1980년대 미국 기업들에게 하나의 표준적인 실무관행이었다. 몇몇 미국 기업들은 원했던 결과를 얻었지만, 대부분은 그렇지 못했다. 그들은 토요타가 수십 년 동안 이룬 것을 단기간에 모두 얻으려고 했기 때문이다. TPS의 창시자 가운데 한 사람인 신고 시게오(新鄕重夫)는 이렇게 빈정댔다.

"어떤 사람들은 토요타가 간판방식이라는 멋지고 새로운 옷을 입었다고 생각한다. 그래서 그들은 밖으로 나가서 똑같은 옷 한 벌을 구입해 입으려 한다. 하지만 곧 그들이 그 옷을 입기에는 너무 뚱뚱하다는 것을 깨닫는다."

린(날씬한, 군살이 없는)이라는 이름은 질투와 부러움을 함께 느낄 수밖에 없는 '게스(Guess)의 24인치 청바지'와 같은 것이었다. 날씬한 사람이 아니면 입을 수 없는 청바지라!

나도 비슷한 생각을 갖고 있다. 토요타방식을 도입할 수 없다면 그것은 실력이 없기 때문이라고. 토요타의 실력을 보여주는 가장 아름다운 척도가 바로 '재고' 수준이다. 토요타방식을 가르치는 사람들은 대개 적은 재고를 만드는 생산을 해야 한다는 것을 강조하기 위해 '재고는 악'이라는 말을 많이 한다. 하지만 실제로는 재고는 '꽃'이다. 왜냐하면 많은 수량의 재고는 다른 문제들(결근, 고장, 불량, 결품 등 모든 문제)의 결과물이기 때문이다. 그래서 많은 기업들이, 물건을 만드는 '공장'임에도 불구하고, 재고의 꽃이 만발한 '농장'이 되고 만다.

토요타는 농장이 아니라 공장을 돌린다. 일이 정체되고 쌓여서 빈둥대거나 몰려서 허둥대는 농장과 같은 사무실이 아니라, 최소한의 인풋으로 최대의 아웃풋을 이끌어내는 창조적인 사무실을 꿈꾼다. 같은 꿈을 꾸는 기업들이 나타난다. 공감하고 동참하는 이들이 늘어난다. 이윽고 선의의 경쟁자들도 나타나기 시작했다. 많은 업종에서 빛나는 린 컴퍼니들이 활약하고 있다. 이제 그 이야기를 해보자.

Chapter 16

미래 자동차를 위한 동반자, 테슬라와 토요타

전기자동차의 대표주자로 급부상한 신흥기업 테슬라와 현재 가솔린자동차 및 하이브리드 자동차의 대표주자인 전통 강호 토요타를 놓고 관심이 높아지고 있다. 가솔린의 시대가 종말을 향해 간다고 보는 전망이야 이미 대세를 이루고 있는 현 시점에서 차세대 미래 자동차로, 테슬라는 전기자동차에, 토요타는 수소연료전지자동차에 각각 힘을 쏟아 붓고 있는 양상이다. 과연 자동차의 미래는 무엇일까?

구글의 이반파 태양광발전소
VS 테슬라의 슈퍼차저 스테이션

자동차산업은, 항상 화석연료의 사용으로 대표되는 산업혁명 이후의 에너지 체계를 상징해왔고, 그러한 에너지 체계에서 일하는 사람들의 일하는 방식까지도 규정지었다. 포디즘으로 상징되는 일하는 방식은 석유와 전기라는 형태의 에너지 체계 속에서 자원을 다루는 방식이기도 했다. 불행히도 대량생산과 대량소비를 통해 무한이익을 추구하는 포디즘을 받치고 있는 에너지 체계는 유한하다. 지금 우리가 살아가고 있는 세계는 모두가 석유를 토대로 건설되었다고 해도 과언이 아니다.

그런데 그 에너지 체계에 위험한 변화가 다가오고 있다. 석유의 고갈에 대한 신호는 점점 더 커지고 있다. 그러한 위험에 대처하기 위해 세계 각국이 새로운 대체에너지와 그를 포함한 에너지 체계를 바꾸기 위해 노력하고 있다. 당장에 요구되는 것은 석유자원의 소비를 늦추기 위한 노력이다. 그런 노력의 산물로 우리는 하이브리드와 클린디젤의 경쟁을 지켜보았고, 최근 폭스바겐의 디젤게이트를 통해 디젤의 몰락을 보았다. 이제는 약간 앞서나가는 전기자동차와 수소연료전지자동차의 경쟁을 목격하고 있다. 흥미로운 관전이 될 것이다.

내가 이 책에서 강조하고자 하는 바는 일과 일하는 방식에 대한 이야기이므로, 여기서는 가급적 토요타자동차의 제품이나 미래 전략에 대한 직접적인 언급은 피하고자 한다.

다만, 분명히 강조하고자 하는 것은 포디즘에서 토요티즘에로의 패러다임의 변화와 일하는 방식의 변화는, 석유와 전기로 대변되는 에너지 체계, 즉 중앙집중적이고 엘리트주의적인 사고방식에서 재생에너지와 자원순환을 기본 전제로 하는 지방분권적이고 협업에 기초한 사고방식과 일의 방식으로의 전환을 포함한다는 것이다.

[그림28]을 보자. 미국 캘리포니아주 모하비 사막에 위치한 세계 최대 규모의 태양광발전소인 이반파 발전소(ISEGS)의 사진이다.

그림28. 세계 최대의 이반파 태양광발전소(ⓒwww.dailytech.com)

이 발전소는 구글과 엔알지 에너지(NRG Energy), 브라이트소스 에너지(Bright Source Energy) 등이 투자해 2013년 하반기부터 시험 운전을 거쳐 공식적으로 가동을 시작했다. 이반파 태양광발전소의 발전 능력은 약 400MW로 연간 14만 세대가 사용할 전력을 생산할 수 있으며, 30만 여 개의 태양광 반사경과 집열기 기능을 하는 40층 높이의 탑 3개로 구성되어 있다. 헬리오스탯(heliostat, 태양광선을 일정한 방향으로 보내는 반사경)으로 불리는 반사경은 태양 움직임에 맞춰 자동으로 각도를 조절하며 태양광발전의 효율을 최대로 끌어올린다. 전력 소모가 막대한 데이터센터 등을 운용하고 있는 구글과 애플 등 IT기업들은 전력 생산에 큰 관심을 갖고 있고, 환경보호 측면에서 자사가 사용하는 태양광과 풍력 등 친환경에너지 사업에 진출하고 있다. 앞서 보았듯, 구글은 모하비 사막에서 세계 최대 태양열 프로젝트 이반파 태양광발전소 가동을, 애플은 환경 재생에너지를 이용해 자체 데이터센터 운영에 필요한 전력을 충당하기로 방침을 세워 네바다 사막에 18~20MW 용량의 태양광발전소를 지을 것이라고 발표했다. 이반파 발전소는 연간 40만 톤의 이산화탄소 배출량을 줄이는 효과도 갖고 있다고 한다. (2014.8.19. 한국일보 기사 참조)

    멋지지 않은가? 멋지지 않다. 이반파 발전소는 화석연료 시대의 중앙집권적이고 엘리트주의적인 포디즘에 입각하여 건설된 구시대의 화석이 될 가능성이 높다고 나는 생각한다.

그림29. 테슬라가 전세계에 구축한 슈퍼차저 스테이션 현황(ⓒ2015 Google, INEGI)

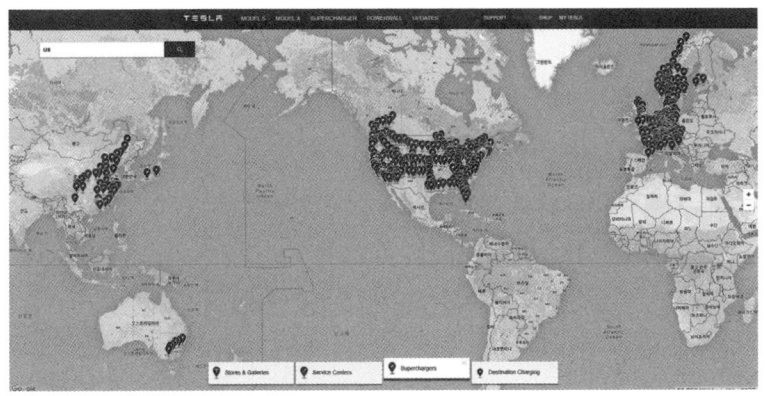

그러면 [그림29]를 보자.

테슬라가 전기자동차 보급을 늘리기 위해 세계 전역에 576개소의 슈퍼차저 스테이션(supercharger station)과 3,321개 슈퍼차저 시스템을 구축한 모습이다.(2015년 12월 현재)

멋지지 않은가? 멋지다.

자동차회사와 전기회사 간 사업의 차이라고만 보지 말아야 한다. 석유자원은 매장지가 국소적이고 매장량도 좁은 지역에 몰려 있기 때문에, 거대한 플랜트나 발전소를 지어서 중앙집권적으로 생산하고 배분하는 것이 효율적이었다.

그러나 생각해보라. 태양광은 이 지구상 어디에나 있다. 굳이 사막으로 들어가서 발전소를 세우고, 송전을 하고, 배전을 할 필요가 어디에 있는가? 공급자 중심의 포디즘 시대는 갔다. 이제는 고객이 필요로 하는 것을, 필요로 하는 때에, 필요로 하는 만큼만 만들거나 공급하면 되는 토요티즘의 시대이다. 에너지를 필요로 하는 사람들이 사막에 있는가. 아니다. 도시에 있다. 그들이 있는 곳에, 어디나 지천으로 있는 태양광발전 시설을 필요한 용량만큼만 운영하면 되는 것이 아닌가. 그렇기 때문에 테슬라는 최소한의 비용으로 필요한 만큼의 충전소에서 '평생 무료충전'을 내세울 수 있었던 것이다. 테슬라만한 린 컴퍼니가 또 있을까!

JIT를 실천하는 린 컴퍼니, 테슬라

사실 전기자동차는 '전기 자체가 석유의 부산물'이라는 현재의 에너지 체계와 패러다임 속에서 일부 부정적인 시각이 존재했다. 전기를 만들기 위해 석유로 발전소를 돌려야 하는데 과연 친환경적이냐는 물음이 그것이다. 그러나 테슬라가 선보인 작은 규모의 재생에너지를 이용한 JIT형 충전소는 그러한 의견을 불식시킬 것이다. 게다가 테슬라는 전기자동차의 확산을 가속화하기 위해 슈퍼차저 특허를 무상으로 공개해버렸다.

또 하나, 2013년부터 테슬라는 배터리 교환 시스템을 선보였다. 충전식이 90분 정도의 시간을 요한다면, 이 배터리 교환 시스템은 90초의 시간을 요한다. 더욱 JIT에 가까워졌다. 현재는 주유소에서 가솔린을 충전하는 비용보다는 낮은 비용을 받고 있다고 한다. 하지만 신차 소유주가 중고 배터리를 장착 받을 때의 심리적 장벽 등도 있다고 한다.

나는 여기서 한 걸음 더 나아가 상상을 해본다. 전기자동차에서 가장 비싼 부품은 당연히 배터리이다. 그렇다면 처음부터 배터리가 없는 자동차 차체만을 판매한다면? 차량 가격은 상상 이상으로 저렴해질 수 있을 것이다. 출고 시점부터 배터리 렌탈 시스템이 작동된다. 렌탈 배터리를 달고 운전하다가 배터리가 떨어지면 근처 배터리 교환소에서 통째로 배터리를 갈아 끼운다. 배터리 교환소도 테슬라가 공급하는 렌탈 배터리를 받아 90분간의 충전과 갈아 끼우는 수고에 대한 수수료만을 받는다. 배터리에 달린 센서와 고유번호로 배터리 수명이나 운전거리 등의 정보가 테슬라에 수집되고, 보다 나은 배터리 연구개발에 피드백 자료로 활용된다. 즐거운 상상이 아닐 수 없다.

한편 토요타자동차는 아무래도 수소연료전지차에 더 중점을 두는 것 같다. '미라이'라는 차종을 공개함으로써 속마음을 드러냈다. 더불어 토요타도 수소연료전지차의 확산을 가속화하기 위해 관련 특허를 무상으로 공개했다. 하이브리드 특허를 공개해 하이브리드 관련 시장에서 협업에 성공한 경험이 도움이 되었을 것이다. 무한정으로 존재하는 수소를 바탕으로 전기를 만들겠다는 발상은, 수소의 폭발 가능성 등 안전 문제를 해결하는 순간, 자원순환과 지방분권적 운영시스템의 상징으로 대두될 것이다.

　이렇게 살펴본 바와 같이, 토요티즘과 린 컴퍼니들의 공통점은 중앙집권적이고 엘리트주의적인 방식이 아니라, 지방분권적이고 협업에 기초해 자원 낭비를 최소화하는 방식으로 일한다. 사실 최소 인풋으로 최대 아웃풋을 얻는 것은 모든 경영의 기본이지만, 알고 보면 경영자원의 낭비를 최소한으로 줄여 최대생산을 하자는 것이야말로, 토요티즘의 본질이 아니겠는가. 전략만이 아니라 그것을 달성하는 방법도 '린'해야 한다. 그런 의미에서 토요타와 테슬라는 경쟁자가 아니라 미래를 만들어가는 동반자이며, 토요티즘의 굳건한 건설자라는 생각이 든다.

　구글이나 애플이 태양광발전 사업에 투자하는 양상이 사막에 발전소를 짓는 형태라는 점에서 좀더 이들의 미래를 지켜보고 싶다. 패러다임의 천착은 그리 쉽게 되는 것이 아니다. 지금 혁신적인 것과 혁신적인 패러다임으로 지속가능한 것은 다르기 때문이다. 그렇다고 구글의 시도를 나쁘게만 볼 수도 없다. 이제는 구글 이야기를 해보자.

Chapter 17

새로운 패러다임의 동반자, 구글과 토요타

구글의 자율주행 자동차가 이끌 사회 변화

자율주행 자동차에 대한 관심도 역시 뜨겁다. 블로터닷넷의 오원석 기자의 기사를 통해 자율주행 자동차에 대한 이해를 돕고자 한다.

자율주행 자동차 기술 경쟁에서 가장 앞선 업체는 단연 구글이다. 구글은 지난 2010년 자율주행 자동차 개발 계획을 공식 발표했다. 일본 자동차업체 토요타의 '프리우스' 차량에 카메라와 GPS, 각종 센서를 장착한 구글의 자율주행 자동차 초기 버전은 유명하다.

그림30. 구글의 자율주행 자동차 초기(앞), 최근(뒤) 버전(ⓒwww.google.com)

구글은 2014년 12월 자율주행 자동차의 시제품을 공개하기도 했다. 당시 구글은 시제품을 가리켜 '실제 제품에 가까운 자율주행 자동차' 라고 설명했다. 지난 6년 동안의 연구가 녹아든 차량이라는 뜻이다. 이전 연구용 자율주행 자동차와 비교해 자동차 위에 탑재한 센서 장비가 소형화됐고, 실제 도로에서 달릴 수 있도록 각종 편의기능이 추가됐다.

구글의 자율주행 자동차 지붕에 탑재된 센서 장비는 '라이더(LiDAR)' 라고 부른다. 원격 레이저 시스템이 빼곡히 들어가 있는 구글 기술의 핵심이다. 음파 장비와 3D 카메라, 레이더 장비가 포함돼 있다. 라이더는 마치 사람처럼 사물과 사물의 거리를 측정하고, 위험을 감지할 수 있도록 돕는다.

각 센서의 역할은 모두 다르다. 감지할 수 있는 거리도 차이가 난다. 예를 들어 레이저 장비는 사물과 충돌해 반사되는 원리를 이용해 거리를 측정한다. 360도 모두 감지할 수 있도록 설계됐고, 1초에 160만 번이나 정보를 읽는다. 또, 전방을 주시하기 위해 탑재된 3D 카메라는 차량이 도로 상황을 실시간으로 파악하기 위해 탑재된 기술이다. 3D 카메라는 카메라 하나로 사물을 촬영하는 것과 비교해 거리 측정의 정확도를 높인다. 사람이 2개의 눈으로 거리를 감지하는 것과 같은 원리다. 3D 카메라는 30m 거리까지 탐지하도록 설계됐다.

이밖에 GPS와 구글맵 등 다양한 장비와 기술이 탑재돼 있다. 각종 첨단 센서장비를 목적과 기능에 맞게 활용해 자동차가 감지할 수 없는 사각을 줄이는 것이 구글 자율주행 자동차 기술의 핵심이다.

(2015.6.8. 블로터닷넷 오원석 기자 기사 중 인용)

일본의 GF리서치 대표이자 《구글은 왜 자동차를 만드는가(Google vs トヨタ)》의 저자인 이즈미다 료스케(泉田良輔)는 자율주행차가 가져올 격변을 〔그림31〕처럼 표현했다.

자율주행차 보급으로 인해, 자동차보험의 의미, 대상이나 자금의 흐름, 업계구조가 변한다고 보는 것이다. 그리고 운전면허증의 필요 여부 등 감독관청의 규제와 운영에도 변화가 불가피하다. 정보통신기술의 결정체가 될 자율주행차는 자동차회사가 아니라 통신사의 판매상품이 될 수도 있다. 기본적으로 전기자동차는 배터

그림31. 자율주행차가 격변을 일으킬 5개 분야(ⓒGF리서치)

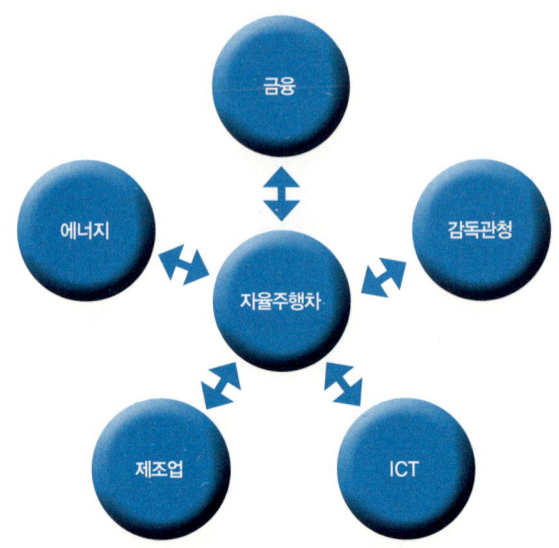

리를 주 동력원으로 하기 때문에 기존 자동차 제조업의 공급망에도 근본적인 변화가 올 것이다. 전기자동차는 도시를 에너지 소비 주체에서 에너지 저장 기능을 갖춘 모습으로 바꿀 수 있다.

이상의 다섯 가지 영역에서 큰 변화를 가져올 것이라는 전망이 우세하고, 나는 여기에 러브 관련 산업, 특히 숙박산업에 커다란 타격을 줄 것이라는 전망을 해본다. 아름다운 외곽도로를 달리면서 연인들이 차 안에서 사랑을 속삭이는 장면은 무엇보다 유혹적인 양상이 될 가능성이 크지 않을까? 자동차는 점점 더 인간에게 새로운 환상을 제공하는 수단이 될 것이라 본다. 이성보다 감성이 중요한 시대에서는 '기능'보다 '환상'의 가치가 훨씬 크다. 여하튼 여러 가지 의미에서 자율주행차가 만들어 낼 사회는 지금의 사회와는 확연히 다른 모습일 것이다.

스마트한 사회 시스템으로의 전환을 이끄는 구글과 토요타

그러면 구글이 자율주행차를 개발하는 이유는 무엇일까.

앞에서 우리가 살아가는 21세기는 새로운 에너지 체계와 일하는 방식을 요구한다고 했다. 새로운 에너지 체계는 결국 새로운 사회 시스템을 초래한다는 것은 쉽게 예상할 수 있다. 그렇다면 다시, 구글이 왜 자동차에 주목하는 것일까? 이즈미다는, 구글은 자율주행차야말로 현재의 사회 시스템에서 새로운, 보다 스마트한 사회 시스템으로 전환하는 데 있어서 가장 중요한 하드웨어라고 보고 있는 것이 아닐까라는 질문을 던진다.

구글은 이미 스마트폰이라는 하드웨어를 통해 애플과 더불어 시스템을 제패한 실적을 가지고 있다. 어쩌면 구글은 스마트폰과 자동차라는 하드웨어를 장악함으로써 이 사회 시스템 전체에 공헌하겠다는 큰 꿈을 가지고 있는지도 모른다. 흔히 애플과 삼성의 대결을 '소프트웨어와 하드웨어의 전쟁'으로 표현하지만, 실제로는 '시스템과 하드웨어의 대결'이라고 해야 한다. 애플은 그야말로 생태계를 구축하는 데 성공했기 때문이다. 삼성은 단말기를 팔았을 뿐이다. 하드웨어에 서비스 플랫폼을 조합하는 시스템 상품의 성공 여부를 애플과 삼성에게서 볼 수 있다면, 같은 구도를 구글과 토요타에서도 볼 수 있지 않을까. 적어도 삼성과 토요타는 한국인에게 있어 하드웨어의 최강자이며, 글로벌 리더라는 공통 인식의 대상이기 때문이다.

그런 의미에서 자동차산업의 신산업 혁명이자 디지털 혁명이라고 부를 수 있는 최근의 환경 속에서, 토요타의 최대 위협은 구글로 상징되는 신흥기업의 출현이라고 할 수 있다. 그간 토요타와 토요타를 벤치마킹한 삼성의 최대 강점은 공급망의 수직계열화를 통한 **빠른 리드타임**에 있었기 때문이다. 누구보다 빨리 신제품을 개발, 생산하고, 판매할 수 있는 운영 효율에 있어서는 타의 추종을 불허하는 양대산맥이 되었다고도 할 수 있다.

동력원을 둘러싼 전기자동차와 수소연료전지차의 싸움은 여전히 하드웨어의 영향력이 발휘되는 전장이다. 그런데 자율주행차는 이야기가 많이 다르다. 스마트폰에서 보았던 싸움의 양상과도 같이 이것은 일종의 이종격투기와 같은 전장이다. 누가, 언제, 어떤 기술을 들고 나올지 모르는 상황이다. 그런데 토요타는 토요타밖에 없다. 부품 협력사를 포함해 토요타만을 바라보고 따라온 수직계열의 강점이 약점으로 전환될 가능성도 있다. 토요타 vs 구글이 아니라, 토요타 vs 전세계가 될 가능성이 크다.

애플의 단독진영이 구글이 만든 전세계와 싸워 결국 시장의 80%를 내준 것과 같은 양상이 전개될 가능성도 없지 않다. 왜냐하면 토요타가 가진 강점을 구글도 가지고 있는 데다, 그 범위는 오히려 구글이 더 넓어 보이기 때문이다. 구글은 '자동차를 포함한 새로운 사회 시스템'을 구상하는 데 비해, 토요타는 '자동차로부터 비롯되는 새로운 사회 시스템'을 구상하다가 이제서야 새로운 흐름에 눈 뜨고 적응해야 하는, 1위 기업의 '역설적 수세'에 있기 때문이다.

예를 들어 자동차 하드웨어의 일관생산체제를 갖춘 테슬라와 구글이 손을 잡는다면, 토요타를 포함한 기존 자동차업계에 대한 타격은 상상을 초월할 것이다. 불길한 상상은 때로 현실이 되기도 한다는 점에서 오싹하다.

다른 각도에서는, 제레미 리프킨(Jeremy Rifkin)의 말을 음미해 볼 필요도 있다. 그는 그의 책《3차 산업혁명(The Third Industrial Revolution)》에서 "역사상 위대한 경제적 변혁은 새로운 커뮤니케이션 기술이 새로운 에너지 체계와 만날 때 발생한다"는 사실을 강조했다. 이 말 속에는 놀라운 패러다임이 녹아 있다.

포디즘이 주류를 이루기 전까지, 즉 산업화 이전 단계의 에너지 체계는 인력(人力)이나 수력(獸力), 혹은 마력(馬力)으로 상징되는 동물들의 힘이었고, 그것이 곧 교통과 통신의 커뮤니케이션 방법이었다. 사람이 편지를 전달하거나, 말을 달려 전달하는 방식이 그것이다. 그런 의미에서 보면 화석연료를 사용하는 새로운 에너지 체계와 교통이 곧 통신이었던 시대에 등장한 자동차는, 그야말로 '새로운 에너지 체계와 커뮤니케이션 기술'이 만난 일대 사건이라고 아니할 수 없다. 자동차는 마차를 대신하여 새로운 에너지 체계의 총아로 등장했고, 전화, 전신과 더불어 인간 사회의 교류와 커뮤니케이션을 강화하는 역할을 수행했다.

지금은 어떤가? 구글이 만든 자율주행 자동차는 재생에너지와 자원순환을 바탕으로 하는 새로운 에너지 체계와 스마트폰으로 상징되는 인터넷 커뮤니케이션 기술의 결합을 상징하는 것이다.

돌이켜보면 사실 포드는 산업혁명의 첫 주자도 아니었고, 그 영광을 마지막까지 향유한 주자도 아니다. 그러나 자동차라는 커뮤니케이션 기술, 교통과 통신을 이어주는 시대의 아이콘을 보유하는 비즈니스 모델과 컨베이어 시스템으로 시장을 평정하면서 1903년 설립된 포드자동차는 1913년 부동의 1위로 올라간다. 하지만 다양한 고객의 니즈를 반영하는 알프레드 슬로언(Alfred Sloan) 회장의 GM에 역전을 허용한 1931년 이래, 한 번도 왕좌에 오른 적이 없다. 그럼에도 불구하고 산업화 시대의 패러다임과 일하는 방식으로서의 '포디즘'은 그렇게 지난 100년의 패러다임을 결정지었다. 다른 말로 하면 1913년부터 1931년까지 19년간 포드와 포디즘은 동일체였지만, 1931년부터 포드와 포디즘은 분리되었다고 할 수 있다.

토요타에 대해서도 같은 설명과 전망이 가능하다. 토요타 역시 신산업 혁명의 첫 주자도 아니고, 앞으로 계속해서 그 지위를 누리리라는 보장은 없다. 지난 2006년 토요타자동차가 세계 1위로 올라서면서 토요타자동차와 토요티즘은 세계의 주목을 받게 된다. 그리고 다시 10년의 세월이 흘렀다. 어느새 토요타의 경쟁자들은 자동차회사가 아니라 커뮤니케이션 기술을 보유한 구글과 애플로 바뀌고 있다. 이러한 현상의 본질은 바로 '새로운 에너지 체계와 커뮤니케이션 기술의 만남'이 불러올 커다란 경제 변혁인지도 모른다. 만약 토요타가 구글이나 애플에게 주도권을 넘겨준다면, 그때 다시 토요타자동차와 토요티즘의 분리가 일어날 것이다.

하지만, 21세기의 '패러다임과 일하는 방식'으로서의 토요티즘은 그 사상과 방법론이 더욱 고도화된 기업에 계승되어 우리 시대의 상징으로 100년을 향유할 것이다. 분명한 것은 우리는 조용하고 깨끗하며 스마트한 차량, 수평적이고 협력적인 분산형 양방향 네트워크에 연결된 차량을 사용하게 될 것이다. 이것은 토요티즘의 강력한 반영이기도 하다. 이런 양상이 우리가 한 경제 시대의 끝자락에, 그리고 새로운 시대의 문턱에 있음을 알려준다. 우리는 과도기인의 삶을 살아가고 있다. 패러다임의 변화를 온몸으로 맞이하지 않으면, 구시대의 유물과 함께 사라질 것이다. 그런 점에서는 토요타자동차에서 일하는 사람들도 마찬가지이다.

토요타자동차와 토요티즘을 다루는 책인 만큼, 토요타에 대한 찬양 일색일 것이라는 편견에 대한 대답으로 대담한 가설을 다루어 보기는 했지만, 사실 토요타와 구글은 모두 새로운 시대를 열어가는 동반자라고 본다.

구글은 자율주행 자동차의 프로토타입으로 토요타의 '프리우스'와 '렉서스RX'를 사용하고 있다. 이 글을 쓰는 저자로서 미소가 나오는 장면이다. 하드웨어 생산 기반을 보유한 테슬라와 달리 하드웨어 생산 기반이 없는 구글이 토요타와 손잡고 자율주행차를 팔려는 전략을 가지고 있는 것은 아닐까. 구글의 주주자본과 당기순이익을 자동차업계에 배치해보면 이미 구글은 토요타와 폭스바겐에 이어 업계 3위의 규모를 가지고 있다. 테슬라보다 위협적이라고 할 수 있는 장면이다.

한편으로 구글과 토요타, 그리고 테슬라가 열어가는 미래에 우리 한국 기업의 위치를 생각해보는 것도 보람 있는 일이다. 삼성이 스마트폰의 하드웨어 영역에서, LG가 전기자동차의 하드웨어 영역에서, 비록 B2C(Business to Customer)의 모습은 아닐지라도 교통과 통신이 결합된 인류의 도시 모빌리티를 떠받치는 구조로 자리잡을 것을 상상해보라. 멀지 않은 미래의 일이다.

삼성과 LG가 자신들이 가지고 있는 운영상의 노하우와 빠른 스피드라는 경쟁우위를 보유한 바탕 위에 창조경영을 부르짖는 것이 아니라면 참으로 위험하다고 보는 이유가 또한 이것이다. 하드웨어 제조기업으로서의 강점을 포기한 채 소프트웨어 기업을 표방하는 것은 앞서 말한 것처럼 한국인이라는 이유만으로 올림픽 양궁에서 금메달을 따겠다는 것과 같은 결과를 가져올 수 있다. 섣부른 준비로 무대에 올라가는 것은 참담한 결과를 낳을 수도 있다. 오케스트라의 연주자로서 참여하고 협업하는 모습도 충분히 아름다울 수 있다. 물론 지휘자의 자리에 오른다면 더욱 멋질 것이다.

Chapter 18

독일에서 싹튼 토요티즘, 인더스트리 4.0

독일발 인더스트리 4.0(Industry 4.0)의 바람이 전세계로 번지고 있다. 제4차 산업혁명이라는 말이 나올 정도로 많은 사람들이 주목하고 있다. 놀라운 현상이다. 그러나 계속해서 강조하지만 현상은 원인이 아니다. 파도가 바다의 본질이 아니듯이, 독일을 중심으로 확산되는 인더스트리 4.0이라는 현상의 본질은 다름 아닌 토요티즘에 있다.

인더스트리 4.0의 목표가 곧 토요티즘

2011년 대강의 윤곽을 드러낸 인더스트리 4.0의 콘셉트는 매우 장

대한데, 이것의 대략적 의미는 '세계가 직면한 문제를 공장이 해결한다'고 하면서, 그것을 구현하기 위해 '사이버 피지컬 시스템(Cyber Physical System)에 의한 스마트 공장을 지향한다'는 것이다. 좀더 쉽게 말하자면, 현재 사용중인 공장용 제어장치인 PLC(Programmable Logic Controller), 산업용 로봇, 각종 공작기계, 반송장치 등 IT와 장치를 조합한 자동화(自動化, Automation)를 한 단계 업그레이드하여, 공장 전체를 완전 네트워크화해 수요에 따라서 즉시 생산계획을 짜고, 신속하게 생산을 완료하는 대단히 유연한 생산공정을 실현하는 것을 목표로 한다. 기술적으로는 센서기술, 빅데이타, 버추얼 설계기술, 통신기술을 활용하여 어떤 기업의 생산설비나 관리 시스템에도 연계가 가능한 공장용 네트워크를 갖춤으로써, '다이나믹 셀 생산' 방식으로 고객마다, 제품마다 다른 디자인이나 구성, 주문, 계획, 생산, 배송을 낭비 없이 원활하게 실현하는 것을 목표로 한다.

이제 살을 발라내고 그래서 인더스트리 4.0이 무엇을 목적으로 하는가라는 뼈대만 남겨보기로 하자. 결국 그것을 한마디로 하면, 공장에 자율신경을 부여하여 고장 및 불량의 문제를 해결하고, 고객의 다양한 니즈를 충족하는 유연한 생산계획, 생산, 배송을 실현하자는 것이다. 이것이 목적이다. 그 수단은 ICT와 지능형 로봇과 같이 최근에 급성장한 기술이다.

그렇다. 인더스트리 4.0은 토요티즘의 핵심콘셉인 자동화(自働

化, Autonomation)와 JIT(Just In Time, 고객이 필요로 하는 것을, 필요로 하는 때에, 필요한 만큼만 생산하고 운반하는 방식)를 말하고 있는 것이다.

그리고 실제로 인더스트리 4.0을 기획한 이들은 토요타가 개발하고 운영한 V-COMM과 COMPASS로 명명된 디지털공장 시스템을 벤치마킹하였다. 결국 인더스트리 4.0은 토요타와 토요타 배우기에 열성인 보잉을 거쳐 독일에서 싹이 튼 것이라고 할 수 있다. V-COMM(Visual & Virtual Communication)은 설계단계의 도면에서 3D 데이터를 작성하여 간섭, 작업성 등을 검토함으로써 개발에서 생산준비까지의 기간을 단축하고, 생산성과 품질을 향상시키기 위한 시스템이다. 1996년에 개발, 적용되었다. 또 공정편성지원 시스템(COMPASS, Comprehensive Process Planning Assembly Simulation System)은 작업요소마다의 시간이나 부위 등을 데이터베이스화해 모델 체인지 등에 의한 공정 변경이 있을 때에, 작업자간 작업시간의 밸런스나 최단 보행거리 등을 검증하는 시스템으로 이미 2002년에 개발, 적용한 것이다.

인더스트리 4.0은 트렌드일 뿐 패러다임은 아니다

이상에서 본 바와 같이, 인더스트리 4.0의 실체는 토요티즘의 핵심사상의 뼈대 위에 2000년대 이후에 급속도로 발달한 ICT와 지능형 로봇, 센서 등의 갑옷을 입힌 것이라고 할 수 있다. 그러나 "잘못 설계된 것을 제대로 전달하려는 노력이야말로 가장 큰 낭비이다"라는 말을 기억할 필요가 있다.

ERP를 구축하기 전에도 반드시 부가가치 없는 프로세스를 폐지하는 프로세스 혁신(PI, Process Innovation)이 전제되듯이, 인더스트리 4.0을 추진함에 있어서도 반드시 먼저 '물리적 공장에서 생산기술(요소기술)과 제조기술(관리기술)의 고도화'가 이루어지고, 제품개발 등의 선행 프로세스에서도 업무 효율의 극대화를 달성하는 것이 필요하다.

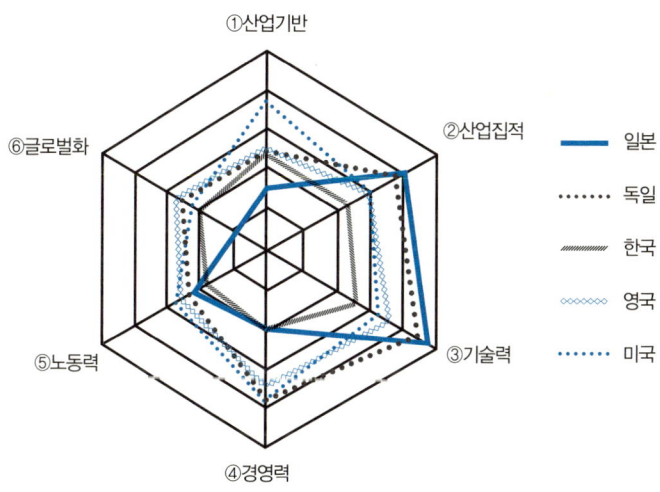

그림32. 주요국의 제조 경쟁력 현황(©2013년 일본 경제산업성)

이런 목표를 달성하기 위해서는 우리의 현상 파악이 중요한데, [그림32]가 도움이 될 것이다. 일본 경제산업성이 분석한 전세계 주요 국가의 제조 경쟁력 현황 자료이다.

그림에서 보는 바와 같이 한국은 적어도 일본이 의식하는 '주요국' 가운데 제조 경쟁력이 가장 낮다. 각국의 이런 편차 때문에 인더스트리 4.0을 주도하는 솔루션 기업들은 세계표준을 만듦으로써 모든 기업들에게 공통된 기반을 제공하려는 노력을 기울이고 있다. 다만 그 속도가 매우 늦게 진행되고 있는 것이 사실이지만, 설사 그것이 가능하다고 해도 경쟁력에 어떤 변화가 있다는 것일까?

컴퓨터는 수기보다 생산성이 높지만, 모두가 컴퓨터로 작업하는 상황이 되면 경쟁우위는 사라진다. 인더스트리 4.0의 솔루션이 지금보다 나은 환경을 조성한다는 것은 인정하지만, 경쟁자들도 모두 도입할 수 있는 보편적 솔루션이라면 어떻게 그것을 추구함으로써 경쟁우위를 확보할 수 있다는 것인지 의문이다. 필요조건은 될망정 충분조건은 되지 않을 것이다. 국제표준은 하한관리를 의미한다. 경영은 하한선은 있으나 상한선이 없는 게임이다.

위에서 살펴본 바와 같이, 토요티즘은 이미 토요타를 넘어 전세계로, 일개 기업을 넘어 수많은 린 컴퍼니들로 확산되고 있다. "새로운 패러다임과 지식이 꽃을 피우는 데는 많은 시간이 걸린다"고 피터 드러커는 말한 바 있다. 자고 나면 패러다임이 바뀌었다는 둥, 일어나면 무슨무슨 혁명이라는 둥의 구호에 쉽사리 동요하지 않아도 좋겠다. 이미 말했듯이 현상은 원인이 아니고, 트렌드는 패러다임이 아니다.

Chapter 19

21세기 성공 기업들이 찾은 새로운 시대의 과제

주객전도(主客顚倒)라는 말이 있다. 주인과 손님이 바뀌었다는 뜻이다. 앞에서 계속해서 현상과 원인에 대해 강조한 것은 많은 경우, 현상을 원인이라고 생각함으로써 임기응변적 조치에 머물거나 잘못된 대처를 하는 경우가 있기 때문이다.

여기서 주객전도를 말하는 것은, 토요티즘이라는 가치관이나 방식이 이미 만들어져 있는 이상적인(ideal) 것이어서 그것을 이해하고 맞추어 따라해야 한다는 것이 아니라는 말을 하고 싶어서이다. 오히려 토요티즘은 시대적 과제에 대응하기 위해 몸과 마음으로 방법을 찾고 고민한 끝에 도출된 결과일 뿐이다. 즉, '린'이든 '토요티즘'이든 아니면 '인더스트리 4.0'이든, 그 이름이 무엇이든지 간에, 시대가 변했고, 그래서 그에 대응하는 과제가 달라졌기 때문에 다른 행동과 철학을 가질 수밖에 없음을 강조하고자 하는 것이다. 이것이 우리가 직시해야 할 현상이자 선결과제인 것이다. 토요타자동차가 다른 기업보다 그 과제에 좀더 일찍 대응했기 때문에 '토요티즘'으로 명명된 결과물이 탄생한 것일 뿐이다. 다시 말하면, 토요타자동차라는 회사는 새벽에 아직 동이 트기 전에 어둑어둑한 가운데서도 깃발을 먼저 발견한 첫 주자에 불과하다. 먼저 목표지점을 발견했기에, 그에 도달하기 위한 현재 시점의 최단경로를 달리고 있을 뿐인 것이다.

우리 시대의 새로운 게임의 룰이 적용된 것은 이제 시작에 불과하다고 보아야 할 것이다. 기회는 아직 얼마든지 있다. 하지만 날이 밝았다는 것은 알아야 한다. 새로운 시대적 과제를 인식한 기업들이 늘어나고 있고, 그들은 즉시 누가 가장 잘 대응하는가를 탐색했다. 그렇게 발견한 기업이 토요타였고, 지난 십 수 년간 수많은 사람들과 기업들이 토요타를 벤치마킹한 것은, 그들의 시대적 과제가 바뀌었다는 것을 인식하고 그 솔루션을 찾기 위한 노력이었다. 이제는 우리도 일어나 제대로 뛰어야 한다.

시대 변화에 따른 기업 생존의 새로운 과제

그렇다면 우리 시대의 시대적 과제는 무엇일까? 특히 기업이 해결해야 할 과제는 무엇일까? 그것은, '21세기의 기업 활동은 모두 JIT 게임'이라는 한마디로 정리할 수 있을 것 같다. 고객이 원하는 것을, 고객이 원하는 때에, 고객이 원하는 만큼 재화나 서비스를 공급하는 것이다. 그런 관점에서 보면, 아마존이든, 델이든, 샤오미나 자라나 텐센트, 구글, 알리바바 등을 포함해 지구상에 존재하는 모든 기업들이, 그들이 목표하는 비즈니스 성격에 따라 그 방식이나 기법은 서로 다를지라도, 결국 같은 깃발을 향해 나아가고 있다는 것을 알 수 있다.

공급자가 만들고 싶은 것 혹은 만든 것을, 공급자가 원하는 때에, 공급자가 원하는 만큼 판매하겠다는 포디즘의 막내는 이제 애플 하나로 족하다. 사실, 애플이야말로 본인들이 언제까지나 '온리 원'의 자리에 있을 수 있다고 착각하는 포디즘의 살아 있는 화석이다. 소품종 대량생산으로, 자신들이 원하는 가격과 시점에 출시하고, 원성이 자자한 AS정책을 밀어붙이는 독불장군의 시대는 갔다. 그러나 아직 멸종하지는 않았다. 애플과 같은 기업의 존재가 그래서 사람들을 혼란스럽게 만든다.

생태계를 구축해야 한다는 것은 공헌의 범위 문제로 인식해야지, 독점이나 과점시장을 구축해야 한다는 것으로 받아들이면 안 된다. 전체 사회의 발전에 어긋나기 때문이다. 그런 의미에서는 전체 휴대폰의 시장점유율 20%에 불과한 애플이 전체 이익의 50% 이상을 차지하고 있다는 것을 칭송하는 것은 바람직하지 않다고 생각한다. 1등이 누가 되었든 1등만을 바라보게 하는 가치관의 확산은 21세기 가치관과 충돌을 일으킨다. 1등이기 때문에 1등이 하는 방식이 옳다는 것은 일반화의 오류에 불과하다.

분업의 시대에서 협업의 시대로, 엘리트 독주에서 팀워크의 시대로, 통제에서 위임으로, 단선형 경제에서 순환형 경제로, 소품종 대량생산에서 변종 변량생산(고객의 요구에 따라 품종이 바뀌고, 양이 바뀌는 생산)으로, 집중형 생산에서 분산형 생산으로, 대기업에 중소기업이 종속되는 관계에서 상생, 협력의 관계로 나아가야 문제를 풀 수 있다.

대량생산의 시대에 포드를 지켜보면서 많은 기업들이 영감을 얻었다. 이제 우리는 토요타를 통해 새로운 시대의 과제를 인식하고, 그것을 해결하기 위해 노력하면서, 자신들의 비즈니스에 최적화된 방법론을 끊임없이 시도해보는 많은 기업들이 새롭게 나타나고 있음을 목도하고 있다. 뒤에 간다고 늦는 게 아니다. 지금은 '바라봄(Sight)'을 통해서 '바로 봄(Insight)'의 혜안을 얻기만 해도 충분한 것이다.

• Outro •

토요티즘의 또 다른 이름, 자원주의를 꿈꾸며

2015년 9월 18일.

두바이의 라시드(Rashid) 왕자가 33세라는 이른 나이로 요절했다. 셰이크 모하메드 빈 라시드 알 마크툼(Sheikh Mohammed bin Rashid Al Maktoum) 왕과 첫째 부인인 셰이카 알리아 빈트 모하마드 빈 부티 알 하메드(Sheikha Alia bint Mohammed bin Butti al Hamed) 왕비 사이에 태어난 라시드 왕자는 적자이자 장남이었기에 세간의 주목을 받기에 충분했다. 영국 샌드허스트 육군사관학교를 졸업한 그는 2006년에는 카타르 도하아시안게임 승마 국가대표로 출전해 두 개의 금메달을 목에 걸면서 나라와 왕가의 명예를 높이기도 했다.

또한 그는 투자회사인 유나이티드홀딩스그룹(United Holdings

Group) 두바이와 경마장인 자빌 레이싱 인터내셔널(Zabeel Racing International)을 운영하는 기업가이기도 했다. 이외에도 각종 사업으로 인한 수익과 상속 받은 재산으로, 그의 자산은 19억 달러(약 2조 2400억 원)에 달하는 것으로 알려졌었다. 아랍에미리트연방(UAE) 소속 7개 토후국 중 하나인 두바이 왕가에서는 장남이 세자가 되는 것이 일반적이서, 일찌감치 어린 시절에 왕세자가 됐다.

그런데 2008년 느닷없이 바로 아래 동생인 셰이크 함단(Sheikh Hamdan) 왕자가 왕세자로 더 적합하다는 왕가의 의견에 따라 라시드 왕자는 왕세자 자격을 박탈당했고, 왕위 계승 서열 2위마저도 셋째 동생인 셰이크 마크툼(Sheikh Maktoum) 왕자에게 넘어갔다. 그가 왕세자 자격을 박탈당한 이유는, 마약과 섹스파티, 분노 조절을 못해 왕실 고문을 살해한 일 등이 원인이었다고들 한다. 이것도 사실은 원인이 아니라 결과(현상)였을 것이라고 나는 생각하지만, 아무튼 마치 영조의 아들 사도세자와 같은 삶을 살다간 이 중동의 왕자는 과거에 이런 말을 한 적이 있다.

"내 할아버지는 낙타를 탔다. 내 아버지도 낙타를 탔다. 나는 메르세데스를 타고, 내 아들은 랜드로버를 탄다. 내 아들의 아들은 랜드로버를 타겠지만, 그 아들은 아마도 낙타를 타게 될 것이다."

석유 하면 떠오르는 중동의 왕자 입에서 나온 말이라서 인용을 해봤다.

우리가 사는 시대의 이름은 무엇일까? 구석기 시대, 신석기 시대, 청동기 시대, 철기 시대로 구분하며 살아온 우리들은 우리가 살고 있는 현재의 이름을 알지 못한다. 나는 산업혁명과 더불어 시작된 우리 시대를 '탄소 시대'로 부르는 것에 동의한다. 석탄, 석유, 전기로 이어지는 주요 에너지와 모든 부산물이 탄소로부터 비롯되기 때문이다. 보편적으로 탄소 시대라는 말이 쓰이지는 않지만, 지금 전세계가 환경문제를 해결하기 위해 표방하는 새로운 시대의 이미지를 '저탄소 시대'로 명명한 것을 보아도, 우리의 시대는 '탄소 시대'라 불러도 좋을 것이다. 이 탄소 시대의 주역이 바로 석유인데, 그 석유는 이제 얼마 남지 않았다.

혹자는 인류의 미래를 에너지 고갈로 인해 석기 시대로 돌아갈 것이라고 하고, 혹자는 새로운 대체에너지와 새로운 합성물질의 발견 등으로 밝은 미래를 열어갈 것이라고 이야기한다. 그러나 이런 이분법적인 구분으로 미래를 결정하는 것은 도박이다. 지금이라도 무언가를 결정함에 있어서 할 수 있느냐, 없느냐의 문제가 아니라, 필요한가 아닌가를 따져보는 것이 중요하지 않을까.

토요타의 가치판단에 있어서 가장 중요한 기준은 '필요'다. 할 수 있든 없든 필요 없는 것에 돈이나 자원을 쓰는 것은 '낭비'라는 생각이다. 마찬가지로 할 수 있든 없든 '필요'하다고 판단되면 전원의 지혜를 모으고 아이디어를 내서 몇 번의 시행착오를 겪더라도 반드시 이루어내고야 말겠다는 자세를 지지하는 것이 토요타의 철학이다. 대량생산 시대는 수백만 년 동안의 '결핍'으로 촉발된 '과식'의 시대였다. 필요하지 않아도 남보다 많이 먹고, 많이 가지고, 많이 쌓아둔다는 것 자체가 포만감을 주었다. 그 포만감에 중독되어 우리는 그간의 진보에도 불구하고 '무한경쟁'의 시대를 만들고 말았다는 역설에 직면해 있다.

서구의 단선적 세계관과 발전관은 오늘을 어제보다 나은 '어떤' 것으로 설명하려는 시도만으로 몸부림치고 있다. 그러나 인간과 늑대가 전세계 어디에서나 분포할 수 있는 능력을 가지게 된 것은, 바로 그들이 경쟁이 아니라 협업을 할 줄 아는 동물이기 때문이었다. 불행히도 지금 늑대는 멸종위기종이 되었다. 인간은 늑대를 몰아냄으로써 협업의 흔적을 지우려고 한 것인지도 모른다. 하지만 아직 우리 '자신'이 남아 있다. 세계에서 가장 넓은 지역에 분포하고 있고, 가장 강력한 영향력을 가진 존재인 인간이 남아 있다. 무엇이 우리를 지금의 위치로 만들었는가를 돌아볼 필요가 있을 것이다.

경쟁의 소모전이 아니라 - 더 많이 만들고, 더 많이 팔고, 더 많이 소비하도록 하기 위해서 '더 새로운 것이 더 좋은 것'이라는 환상을 심어줌으로써, 기능을 상실해서가 아니라 시간이 지났기 때문에 폐기하는 '파괴소비'의 확대재생산으로 인해 결국에는 다시 낙타를 타는 시대로 돌아가는 것이 아니라 - 필요한 것을, 필요한 때에, 필요한 만큼만 소비하는 시대를 준비하려는 움직임이 세계

곳곳에서 일어나고 있다. 최소한의 인풋으로 그 목표를 달성하기 위해 광범위한 협업이 글로벌하게 일어나고 있으며 자신의 능력과 자원을 기꺼이 내놓는 이들이 넘쳐나고 있다.

'소유'가 아니라 '공유' 혹은 '소유권'이 아니라 '사용할 수 있는 접근권'의 개념이 새로운 산업을 일으키고 있다. 널리 알릴만한 가치가 있는 지식을 전파하기 위한 자원봉사자들의 헌신 덕분에 우리는 테드(TED)라는 생태계에 무료로 접근할 수 있다. 자동차와 집을 넘어서 모든 재화에 대해 소유보다는 공유, 소유권보다는 접근권을 보장하려는 움직임이 나타나고 있다. 그것이 결과적으로 가장 적은 비용을 실현하고 있는 것이다.

거래비용이 한없이 낮아지는 사회가 보여주는 모습은 놀랍게도 '경쟁'을 통해서가 아니라 '협업'을 통해서 실현된다는 새롭지만 아주 오랫동안 우리에게 익숙한 '비전'을 보여주고 있다. 이러한 새로운 비즈니스와 새로운 서비스에 대한 많은 사람들의 열광과 적극적인 참여는 그 자체가 더 이상 그들이 단순히 소비하는 사람으로서의 소비자(consumer)가 아니라, 공급자이면서 소비자인 프로슈머(prosumer)임을 더욱 뚜렷하게 만들어주고 있다.

피터 드러커는 '지식노동자의 출현'을 공식 선언하며 대량생산 시대의 노사관계를 절단냈다. 지난 100년간 그것이 좌파경제학이든 우파경제학이든, 노동자와 자본가라고 부르든, 근로자와 사용자라고 부르든, 두 주체의 관계는 '생산수단을 보유한 측'과 '생산

수단을 보유하지 못한 측'의 역학관계였다. 그러나 피터 드러커는 '지식이라는 생산수단을 스스로 보유한 지식노동자'의 탄생을 알림으로써, 노사관계의 발전적 통합이 이미 이루어졌음을 알렸다.

또한 대량생산 시대의 종말과 더불어 노사관계의 틀이 근본적으로 바뀐 것을 이해해야 한다. 대량생산 시대 이전 수천 년 동안 왕이든, 귀족이든, 자본가이든 생산수단을 소유한 측은, 백성이든, 농노이든, 노동자이든 그렇지 못한 측의 노동을 착취하는 것만으로도 그들의 부를 늘릴 수 있었다. 지난 100년간의 산업자본가들도 역시 기본적으로 그렇게 부를 이루었다. 그러나 지금은 그렇지 않다. 지금은 자본가가 아무리 노동자의 노동을 착취하여 많이 일을 시키고, 많은 물건을 만들어도 팔리지 않으면 부를 증식시킬 방법이 없다. 이것이 오늘날 노사관계에 있어서 발생하는 긴장의 근본적인 원인이다.

노사공히 팔리지 않으면 부를 늘릴 방법이 없는 세상인데도, 과거와 같이 노동을 투입했으니 과실을 달라든가, 사업이 불안하니 더 열심히 일하라는 공염불이 해결책 없는 긴장감만을 높이고 있는 것이다. 노사가 힘을 합쳐 기업이 사회에 공헌하겠다고 선언한 기업목적을 달성함으로써, 고객이 이를 승인하고, 고객이 기꺼이 그 가치에 대해 지불한 대가를 통해 확보된 이익을 나누는 방식으로 전환해야 한다.

경영의 역할은 물적자원에 대한 의사결정과 인적자원에 대한 의

사결정이라고 할 수 있다. 경영은 또한 최소한의 인풋으로 최대한의 아웃풋을 이끌어내는 활동이다. 경영은 그래서 평범한 사람들과 함께 비범한 일을 해내는 것이다. 그런데 그런 경영의 역할이 경영자 한 사람에게서 구성원 한 사람, 한 사람에게로 옮아가고 있다. 리더십이 더 이상 지위의 문제가 아니라는 말이며, 또한 지식노동자가 되라는 말은 '생산수단인 지식과 노동'을 보유한 한 사람, 한 사람이 경영자라는 선언이기도 하다. 경영자는 누구나 최소한의 인풋으로 최대한의 아웃풋을 내려고 노력해야 한다. 다만 그 아웃풋은 매출이나 이익과 같은 숫자로 표시되는 '목표'가 아니라, 고객이 필요로 하는 것을, 필요로 하는 때에, 필요한 만큼 재화나 용역, 서비스를 제공한다는 '업의 목적'을 달성하는 것을 말한다. 업의 목적을 달성하면 이익은 따라온다. 팔리는 물건이나 서비스를 실현했는데 이익이 없다는 것은 어불성설이다.

또 이상정보의 창출이 이상정보의 전사보다 이익이 높다는 것, 이상정보의 전사 결과인 품질에 의해 부가가치가 결정된다는 것, 생산기술과 제조기술의 발달로 인해 물적자원에 의한 비교우위가 점점 사라져 간다는 것을 우리 모두는 유심히 들여다보아야 한다.

물적자원의 인풋량을 늘림으로써 시장에서의 경쟁력을 언제까지나 유지할 수 없다는 것은 이제 누구나 인정하는 세상이 되었다. 창조적인 이상정보를 창출하고, 전사에 있어서 드러나는 문제를 해결하기 위한 아이디어를 내는 인적자원에 의해 비교우위가 명확해지는 세상이 되었다. 이렇게 인적자원에서도 같은 움직임이 있기에, 한국에서도 '워크 스마트(Work Smart)' 바람이 부는 것이다.

　OECD 회원국 가운데 가장 긴 노동시간(인풋)에도 불구하고 가장 낮은 노동생산성(아웃풋)을 보인다는 것은 한국 기업의 경영이 총체적으로 실패하고 있다는 가장 강력한 시그널이다. 그럼에도 불구하고 더 많은 인풋을 통해 성공하고 있는 기업들이 아직 멸종하지 않았기 때문에 '충분히 더 많이 일하지 않고, 충분히 더 많이 만들지 않았기 때문'이라고 생각하는 경영자가 많다. 그러다 1950년에 토요타는 망했었다. 인적자원을 '낭비'하는 것에도 경영이 주목해야 하는 이유다.

　물적자원에 대한 의존도와 물리적 제약을 알리는 신호가 점점 커지는 가운데, 기업 활동에서 인적자원에 대한 의존도는 점점 더 커질 수밖에 없다. 이상정보를 창출하고 전사하는 행위의 주체는 인간이어야 한다. 그럼에도 불구하고 ICT와 지능형 로봇의 발달은 많은 직업을 사라지게 할 것이고, 많은 산업을 사라지게 할 것이다. 많은 일자리가 사라질 것이다. 지금까지 그래왔듯이 산업의 고도화에 따라 새로운 일자리가 또한 탄생할 것이다. 아니, 그보다는 새로운 일의 방식이 탄생할 것이다.

　새로운 '일'과 일의 '방식'은 분업이 아니라 협업을 통해 수행될 것이다. 21세기에 펼쳐질 새로운 '일'과 '일의 방식'에 대한 패러다임은 할 수 있느냐, 아니냐가 아니라 '필요'한가 라는 근본적인 물음에 의해 구축된다. 이미 고객들이 묻기 시작했다. 과연 이게 필요한가? 이것을 소유할 필요가 있는가? 라는 물음 말이다. 그러한 물음으로 돌아가 우리가 가진 자원을 최소한으로 소비하면서 그 목적을 달성하려는 노력이 엄청난 거대 비즈니스로 떠오르고 있다. 우버나 에어비앤비는 아예 물적자원과 인적자원 전체를, 참여자들이 가지고 있는 자동차와 집, 그리고 그들의 노동력으로 조달하고 있다. 결국 지금 있는 '물적자원'과 '인적자원'만으로 구동되는 새로운 성장 메커니즘을 탐색하고 있는 것이다.

자원의 투입량과 산출량의 함수인 자본주의를 넘어서, 세상 사람들이 만들어가는 '자원주의(Resourcism)'을 보게 된다. 그들은 '무엇'이 필요한지에 대한 핵심만을 파악한 뒤, 주변을 돌아보며 묻는다. 이거 할 수 있는 사람? 이거 갖고 있는 사람? 그렇게 의기투합된 사람들이 최소한의 자원으로 필요한 것을, 필요한 때에, 필요한 만큼만 만들어내고 있다.

그러다 보니 이제 반드시 '기업'이 필요한 것인가에 대한 의문도 커지고 있다. 협동조합과 수많은 비영리조직들이 생겨나는 이유일 것이다. 기업의 목적이 '이윤 추구'라고 답하는 이들은, 주변의 분위기가 바뀌고 있다는 것을 알아야 한다. 기업의 '이윤'을 위해 소비하는 고객은 없다. 그들이 내세운 이념과 가치, 해당 제품과 서비스가 구현할 이상정보의 타당성과 전사를 위한 헌신적인 노력에 공감하고, 공정무역과 공정거래와 같이 그 전사 과정의 정당성을 살펴보고, 그런 기업에 공명(共鳴)하는 사람들, 그런 기업이 없다면 스스로 그런 기업을 창업해버리는 사람들이 주도적인 흐름을 만들어가면서 자원주의가 싹트고 있다는 생각이 든다.

전·현직 대기업 홍보책임자 모임인 한국 CCO클럽이 전국경제인연합회 '재계 인사이트' 독자 278명을 대상으로 '기업가 정신을 가장 잘 느낄 수 있는 기업인 어록'에 대해 조사한 결과, 故 정주영 회장의 "이봐, 해봤어?"가 1위로 선정되었다고 한다. "이봐, 해봤어?" 정신에 바탕을 둔 특유의 추진력과 불굴의 의지로 끊임없이 불가능에 도전하며 시대의 거인으로 살아온 정 명예회장의 생애가 평가 받은 것이라고 한국 CCO클럽은 해석했다.

이런 정신으로 우리 대한민국은 영미권이 230년, 일본이 100년 만에 이룬 대량생산 시대의 시대적 과제를 30년이라는 짧은 시간에 달성한 영광이 있다. 그런 우리를 그들은 '한강의 기적'이라고 칭송했다. 우리는 할 수 있다고 믿었고 해냈다.

이제 우리가 살아갈 시대의 질문은 바로 이것이 아닐까?

"이봐, 그거 정말 필요해?"

• 참고문헌 •

《C에서 시작하는 PDCA》(c からはじめるPDCA, 日本能率協会マネジメントセンター 지음, 2013년)

《S급으로 걸어온 40년》(s 級にたどりついた40年, 高橋敏秋 지음, 2007년)

《가시경영》(可視経営, 石橋博史 지음, 2005년)

《가시화의 실무》(会社のすべてを見えるかする実務, 正木英昭 지음, 2008년)

《가시화 실무 워크북》(すべての見えるか実現ワークブック, 本道純一 지음, 2009년)

《구글은 왜 자동차를 만드는가》(Google vs トヨタ, 泉田良輔 지음, 2014년)

《모노즈쿠리 경영혁신》(ものづくり経営革新, 日本能率協会 지음, 2001년)

《비제조업도 토요타생산방식》(非製造業もトヨタ生産方式, トヨタ生産方式を考える会 지음, 2008년)

《서플라이체인 경영혁명》(サプライチェーン経営革命, 福島美明 지음, 1998년)

《생산매니지먼트 입문》(生産マネジメント入門, 藤本隆宏 지음, 2001년)

《신 토요타생산방식》(ポストトヨタ, 金田秀治 지음, 1993년)

《실천, IT의 토요타생산방식》(実践IT屋のトヨタ生産方式, 富士通プライムソフトテクノロジ 지음, 2005년)

《유능한 사람은 왜 A3로 사고하는가》(できる人はなぜA3で考えるのか, 石井住枝 지음, 2015년)

《입문 토요타생산방식》(入門トヨタ生産方式, 石井正光 지음, 2005년)

《일본의 자동차산업은 왜 강한가》(日本の自動車産業はなぜ強いのか, 藤本隆宏 지음, 2007년)

《제조업의 높은 레벨의 목표관리법》(製造業の高いレベル目標管理法, 近江堅一 지음, 2006년)

《제조업을 넘어서는 생산사상》(製造業を越える生産思想, 藤本隆宏 지음, 2007년)

《제품개발력》(製品開発力, 藤本隆宏 지음, 2009년)

《탈렌트의 시대》((「タレソト」の時代, 酒井崇男 지음, 2015년)

《토요타는 어디까지 강한가》(トヨタはどこまで強いのか, 日経ビジネス 지음, 2002년)

《토요타류 성공노트》(トヨタ流成功ノート, 若松義人 지음, 2004년)

《토요타발 신산업혁명》(トヨタ発新産業革命, 水島愛一朗 지음, 2005년)

《토요타생산방식의 역습》(トヨタ生産方式の逆襲, 鈴村尚久 지음, 2015년)

《토요타생산방식의 이업종 전개의 실천》(トヨタ生産方式の異業種展開の実践, 熊澤光正 지음, 2015년)

《토요타생산방식의 책》(トヨタ生産方式の本, トヨタ生産方式を考える会 지음, 2004년)

《토요타 시스템과 국제전략》(トヨタシステムと国際戦略, 影山喜一 지음, 2003년)

《토요타식 미연 방지 기법》(トヨタ式未然防止手法, 吉村達彦 지음, 2002년)

《토요타 업무대사전》(トヨタ仕事の基本大全, (株)OJTソリューションズ 지음, 2015년)

《토요타 우직한 사람만들기》(トヨタ愚直なる人づくり, 井上久男 지음, 2007년)

《토요타에서 배운 종이 한 장으로 정리하는 법》(トヨタで学んだ紙1枚にまとめる技術, 浅田すぐる 지음, 2015년)

《토요타 웨이, 진화하는 최강의 경영술》(トヨタウェイ進化する最強

の経営術, 梶原一明 지음, 2002년)

《토요타의 CSR전략》(トヨタのCSR戦略, 佐久間健 지음, 2006년)

《토요타의 대상식》(トヨタの大常識, 星川博樹 지음, 2002년)

《토요타의 두뇌가 고민한 최강의 TQM》(トヨタの頭脳が挑んだ最強のTQM, 荒賀年美 지음, 2002년)

《토요타의 제품개발》(トヨタの製品開発, 安達英二 지음, 2014년)

《토요타자동차 개발 주사제도》(トヨタ自動車 開発主査制度, 塩沢茂 지음, 1987년)

《토요타자동차의 역사》(トヨタ自動車の歴史, 高橋功一郎 지음, 2014년)

《토요타 키이치로》(トヨタ喜一郎, 木本正次・影丸譲也, 1994년)

《토요타 프로덕션 시스템》(トヨタプロダクションシステム, 門田安弘 지음, 2006년)

《토요티즘을 지지하는 토요타 정보시스템》(トヨタイズムを支えるトヨタ情報システム, 戸田雅章 지음, 2006년)

추천사(이름 가나다순)

'토요티즘'에 대해 논할 수 있는, 논할 만한 자격이 있는 사람이 제대로 쓴 책으로 그 깊은 가치를 많은 독자와 공유하고 싶다. 저자는, 20년간 토요타와 함께 한 전문 컨설턴트로서, 현장과 이론의 균형 잡힌 깊은 지식과 경험을 바탕으로 많은 기업인들의 경영철학에 영감을 주었다. 2010년 사상 유래가 없는 리콜 사태로 최대 위기를 맞고, 통렬한 반성과 함께 기본으로 돌아간 토요타가 5년만에 왕의 귀환을 알렸다. 수많은 기업의 영존(永存)에 지나칠 수 없는 이정표를 제시하는 놀라운 힘 《토요티즘》. 위기의 시기에 반드시 읽어야 할 경영필독서로 추천하고자 한다.

이대식, 다이토 일렉트론㈜ 한국지사장

약 10년 전에 중국 공장에서 주재원 근무를 하던 중에, 나는 회사가 준비한 연수계획에 의거하여 TPS 교육을 다녀왔다. 당시 출발 전에는 왜 반도체회사가 자동차회사를 가서 벤치마킹을 해야 하는지 이해를 하지 못했다. 하지만 TPS 연수를 가서 배운 진정한 TPS 사상이 지금도 내가 현장에서 혁신을 진두지휘하게 해준 뿌리가 되었다.

토요타에는 저자가 언급하는 '토요티즘'이 정말 있었다. 사람을 중시하며 낭비를 철저히 제거하여 어떠한 상황에서도 이익을 창출하는 토요티즘. 하지만 당시 궁금했던 것이 "과연 해외의 수많은 공장에서도 본사와 같이 지속적으로 이익을 창출할 수 있을까?"였다. 2010년 토요타 대량 리콜 사태 소식을 듣고 개인적으로는 올 것이 왔다고 생각했었다. 그리고 나는 그것으로 인해 다른 일본 기업들처럼 토요타도 내리막길을 걸을 것이라 예상했었다. 하지만 토요티즘은 거기서 진면목을 발휘해서 더욱 위대한 기업으로 성장했다. 현대기아차의 약 4배로 커진 시가총액이 바로 그것을 증명하는 것이라 생각한다. 세월에 의해 조금은 약해진 나의 혁신사상을 다시 일깨워주는 좋은 책을 써주신 저자께 감사의 인사를 올린다.

이상헌, ㈜심텍 중국법인장

이 책은 일, 사람, 이익, 시스템, 관리, 경영 등 우리가 익숙하게 생각했던 개념들을 새로운 시각으로 해석하여 낯설게 정의내리고, 촘촘하게 연관된 아이디어로 확장해나감으로써, 독자로 하여금 실행을 위한 생각의 물꼬가 트이게 해주는 저자 특유의 글쓰기가 돋보이는 역작이다.
이 책을 통해 독자들은 국내 최고의 토요타 경영 컨설턴트인 저자로부터 '토요티즘'에 입각한 경영철학과 20년간 잘 벼리어진 그의 통찰을 배울 수 있는 좋은 기회가 될 것이다.

이수욱, ㈜씬타온 대표

20여 년을 토요타의 경영을 연구하고 전파해온 저자가 토요타 경영의 본질과 핵심을 꼭 집어내듯 일목요연하게 정리한 보기 드문 책입니다. 그리고 미래 자동차산업의 사업 방향과 발 빠르게 변화하고 있는 토요타의 변신을 통해 모든 분야에서 경영의 인사이트를 얻어보시기 바랍니다.

유기호, ㈜하림 하림그룹 전무

능률협회에서 직장생활을 시작하고, 함께 생활했던 후배가 책을 냈다는 소식을 접했다. 더군다나 능률협회그룹이 처음으로 국내에 소개하고 적극적으로 전파한 바 있는 '토요티즘'에 대한 책이라서 더욱 반가운 마음이 컸다. 시대를 관통하는 패러다임으로서의 업에 대한, 일에 대한 정의, 그 일을 효율적으로 수행하기 위한 방법론과 새로운 시대를 열어가는 인사이트를 얻고자 하는 이들에게 생각의 단초를 제공하는 책이라 생각한다.

최권석, (사)한국능률협회 대표

구성원 그 자신이 혁신의 대상이 되고 있는 시대에 대한민국 직장인들에게 패러다임의 변화가 요구된다는 저자의 긴박한 상황 인식 아래, 일하는 방법 개선을 위한 일상의 아이디어 실천 운동인 제안활동의 필요성과 중요성을 '토요티즘'을 통해 되돌아봄으로써, 내부역량 강화 및 끊임없는 개선과 혁신활동의 촉매 주사를 맞은 느낌이다.

최종열, 한국제안활동협회 상임이사

LG전자에 근무할 때, 토요타의 노무관리와 임금체계, 그리고 고령자 대책에 대한 프로젝트로 함께 협업을 한 저자가 책을 냈다는 소식을 접했다. 토요타의 조 후지오 회장이 당사를 방문하여 "토요타보다도 더 잘한다"는 칭찬을 들었던 기억도 새롭다.

저자의 말처럼 '새로운 에너지체계와 커뮤니케이션 기술의 만남'이 열어나갈 세상을 제대로 이해하고, 그에 맞는 일의 개념과 방식, 그리고 삶의 방식을 이해하는 것이야말로 우리가 반드시 알아야 할 내용이 아닌가 생각한다. 과도기의 시대, 변화 속에서 흔들리지 않는 자신을 위해 읽어볼 만한 책이라고 생각되어 추천하는 바이다.

황상인, 엘지유플러스 CHO 전무

미국이나 독일 기업들이 현장에서 실천하고 있는 '토요타 웨이(Toyota way)'를 출장 중에 접한 적이 있다. 그들에게 개선(카이젠, Kaizen)이나 간판(칸반, Kanban)은 자연스러운 일상 용어였고, '린(lean) 방식'도 이미 깊숙이 자리 잡고 있었다. 이 책에서는 그 본질과 가치를 '토요티즘'으로 명쾌하게 정의하여 독자들이 보다 쉽게 이해하고 실천할 수 있도록 도와준다. 일에 대한 개념과 방식을 바꿈으로써 샌드위치 처지의 한국 기업에게 큰 영감을 주는 위기 탈출의 바이블이 될 것이라 믿는다.

황세준, 네덱㈜ 대표이사

왜 우리는 지금 다시 '토요티즘'에 주목해야 하는가?
- 20세기가 대량생산의 '포디즘' 시대였다면, 21세기는 팔릴 수 있는 상품을 생산해야 하는 '토요티즘'의 시대이기 때문이다.
- '토요티즘'은 까다롭고도 다양하게 분화된 소비자의 욕구를 충족시킬 수 있는 패러다임이기 때문이다.
- '토요티즘'은 소비자가 '꼭 필요한 상품'을 생산케 하는 장인정신이기 때문이다.

홍익희, 《유대인이야기》 저자, 세종대 교수